Michael M. Leria

Street–
ZEN

Michael Leria

Street-
ZEN

Der neue Übungsweg
zu Bewegung und Ruhe

Kösel

Mit 24 Fotos von Andreas Hoffmann, Braunschweig, (die Foto- Ausschnitte erfolgten durch den Kösel-Verlag), von Petra Kammann, Frankfurt (S. 21, 24, 80), von Ernst Stürmer, Wien (S. 106) und von Joan Stamm, Michigan (USA) (s. 45): *Der koreanische Zen-Meister Nuel Rho San im Street-Zen (Vondelpark in Amsterdam 1993)*

ISBN 3-466-20404-6

© 1996 by Kösel-Verlag GmbH & Co., München
Printed in Germany. Alle Rechte vorbehalten
Druck und Bindung: Kösel, Kempten
Umschlag: Elisabeth Petersen, Glonn
Umschlagmotiv: Foto © Tony Stone, Bilderwelten, München

1 2 3 4 5 · 00 99 98 97 96

*Gedruckt auf umweltfreundlich hergestelltem Werkdruckpapier
(säurefrei und chlorfrei gebleicht)*

Inhalt

Vorwort

Häuser der Träume
in den ziehenden Wolken
bis der Regen kommt?

Meine Kenntnisse über Zen kann ich manchmal nicht in Worte fassen, und dann gibt es Tage, da jedes Wort den Geist von Zen ausstrahlt.

Das vorliegende Übungsbuch »Street-Zen«, von dem ich weiß, daß es das Ergebnis langer Übungen ist, wird auf ähnliche Weise entstanden sein.

Ich wünsche allen, die Zen auf der Straße üben, daß sie bald selbst von ihren Erfahrungen berichten können.

Nuel Rho San

Für meinen Vater,
der einen anderen Meister kennt

Über Zen und Street-Zen

Street-Zen stellt für jeden Suchenden, für den Anfänger genauso wie für den Geübten, einen neuen Weg der Praxis und des Geistes dar. Sollte dieses Buch nicht als Begleittext für Seminare benutzt werden, sei noch einmal an den grundsätzlichen Wert einer zen-buddhistischen Lehrschrift erinnert.
– Jedes Buch über Zen-Übungen ist eine Aufforderung zur praktischen Anwendung,
– dennoch wird das geschriebene Wort nur einen Teil in uns treffen,
– weil erst die Begegnung mit einem Zen-Meister die Bemühungen vollendet.

Was ist Zen?

»Der direkteste Weg zur Wahrheit, im Sinne von Zen, ist die meditative Praxis, die mit Beharrlichkeit und Hingabe über einen langen Zeitraum geübt werden muß.
Am Ende dieses Weges steht die Selbst-Wesensschau eines Menschen, der zu sich selbst gefunden hat.
Die Pfade dorthin sind mühsam, und ein Übender wird bald bemerken, daß ein ständiger Begleiter die Selbstdisziplin ist.«
Diese grundlegenden Aussagen sind die Basis aller Zen-Übungen, und sie gelten erst recht für alle Suchenden, die außerhalb der regelmäßigen Meditation im zen-buddhistischen Sinne leben wollen.

Zen im Alltag

Zen im Alltag ist eine Forderung, die seit den ersten Zen-Meistern besteht. In ihren Überlieferungen ist immer wieder zu lesen, daß ein vom Geist des Zen durchdrungenes Handeln genau wie die Meditation zur Erleuchtung führen kann.

Wer sich also auf den Weg Zen begibt, wird neben den unmittelbaren Meditationsübungen auf viele, seit Jahrhunderten erprobte Willens- und Geistestechniken stoßen, die ohne Geheimnisse und magische Rituale auskommen, und die uns zuverlässig helfen, »den Frieden des Geistes, vollkommenes Glück und tiefes Verstehen von Leben und Welt zu erreichen.«

Erfahrungen auf der Straße

Street-Zen ist die Lehre von *Nuel Rho San* und verdankt seine Entstehung den Widersprüchen eines östlichen Zen-Buddhisten in der westlichen Welt.

Nuel Rho San hatte es von Anfang an abgelehnt, nur innerhalb schützender Mauern zu meditieren, oder auf stillen Plätzen nach innerer Versenkung zu suchen. Bewußt verlegte er seine Meditationsübungen in den Alltag und vor allem auf die Straße, indem er einerseits das überlieferte Kin-hin zur Grundlage einer meditativen Haltung benutzte, und darüber hinaus das Gehen als künstlerische Form eines Zen-Weges vervollkommnete.

Die Unruhe der Straße wurde dabei von Nuel Rho san als ein weiteres Element angesehen, um den durch die Sinne beeinflußten Geist noch weiter zu erschöpfen, und ihn dadurch frei zu machen für sein eigentliches Wollen.

Die Möglichkeit der Erleuchtung

»Wie auf einem einsamen Berg nur der Suchende erleuchtet wird, und nicht das Gestein ringsum, geht es auch inmitten einer Großstadt nicht um die Straßenkreuzung oder den nächsten Feuermelder, sondern allein um den Menschen auf dem Weg zu sich selbst.« (Nuel Rho San)

Weder Stillstand noch Bewegung

Street-Zen in seiner vollendeten Form ist Meditation im religiösen Sinne, es ist aber gleichzeitig auch ein kunstvoller Weg zur Erleuchtung, wie das Bogenschießen, das Schwertfechten, oder die Teezeremonie.

Wie der Pfeil sich gegen den Schützen richtet, das Schwert den eigenen Leib trifft oder mit dem Tee das Ich verschüttet wird, laufen wir uns in der höchsten Stufe des Street-Zen selbst davon.

Mit jedem Schritt vergrößern wir das Können, die Kunst des Gehens, und bereiten uns vor auf jene Momente, da sich der Isthmus des eingeschnürten Daseins für das öffnet, was weder Stillstand noch Bewegung ist.

Street-Zen ist seinen Übungen nach ein mit Können erreichtes und zur Kunst vollendetes Gehen.

Seinem Wesen nach ist Street-Zen eine Meditationsform, die sich ihre innere Stille schrittweise und in beliebiger Umgebung selbst schafft.

Stufen und Wege

Wie bei allen meditativen und arbeitsreichen Übungen sprechen wir auch beim Street-Zen von Stufen oder Wegen, wobei die innere und äußere Bewegung einem Ablauf folgt, der sie zunächst voneinander trennt, um sie später auf einer neuen Ebene wieder zu vereinen.

Auf dieser Grundlage bekommt das Gehen einen künstlerischen Charakter. Aus Arbeit wird Können und aus Beharrlichkeit wird Kunst.

Die Möglichkeit, durch äußere Dynamik die innere Bewußtseinsebene vom Körper zu lösen, stellt dabei die Meditation auf eine völlig offene Stufe.

Bewegung und Ruhe

Street-Zen kommt wie jeder Weg des Zen aus dem Moment der Ruhe und des Verharrens und begibt sich nach Erreichen eines bestimmten Bewegungsablaufes zurück in den Zustand der Stille und der Meditation.

Die beiden Elemente des Street-Zen, Bewegung und Ruhe, sind untrennbar miteinander verbunden. Die Momente der inneren Stille führen allerdings erst bei höchster Vollendung der äußeren Bewegung zu den Zielen des Zen.

Gehen und Sitzen

Vordergründig besteht also Street-Zen darin, das meditative Gehen in vollendeter Form zu erlernen. Erst auf der Grundlage dieses

13

zen-buddhistischen Weges wird der Körper zu einem in sich getragenen Leib und bildet eine Einheit mit dem umgebenden Raum.

Die darauf bauende Meditation vollzieht sich in einem Fluß aufgehobener Zeit und zurückgetretenem Ziel und unterscheidet sich in seiner Wirkung nicht mehr vom meditativen Sitzen.

Die innere Meisterschaft

Wie bei allen zen-buddhistischen Verrichtungen besteht auch beim Street-Zen der Sinn einer Übung nicht in meßbarer Leistung, sondern im inneren Gewinn. Es geht weder um eine Beschäftigung zur Freizeitgestaltung, noch um irgendeine sichtbare Zurschaustellung gehobener Fähigkeiten, sondern allein um die innere Verwandlung des übenden Menschen.

Mit dieser Einstellung verlagert sich der Sinn einer praktischen Übung von außen nach innen und verliert jeden sportlichen Wert. Das Ziel ist die innere Meisterschaft, und wer auf dem Weg dorthin ist, läßt auch nur den inneren Meister aus sich heraus.

Am Ende läuft das Es

Trotz aller Zurücknahme kann keine zen-buddhistische Übung, also auch Street-Zen, nicht aus sich selbst beginnen. Alles fängt – wie vieles im Leben – mit grober Technik, unendlicher Wiederholung und nie ermüdendem Willen an. Erst innerhalb dieses Kreislaufes wird es dem Übenden gelingen, in den Bereich zu gelangen, in dem sein Ich zurücktreten kann.

Wenn der Verstand nicht mehr nötig ist, wenn der Wille zum Verstummen kommt, läuft nur noch das »Es«.

Mit Zazen heraus aus dem Alltag

Für alle, die in ihrer Zen-Praxis eine stille und meditative Übung bevorzugen, wird Zazen als Weg der inneren Versenkung immer im Vordergrund stehen. Damit bewegt sich der Suchende auf dem sicheren Pfad der Tradition und er bleibt auch seiner eigenen Vorstellung vom äußeren Bild eines Zen-Buddhisten treu.

Die Übung geht weiter

Wer über der stillen Meditation hinaus nach weiteren Wegen des Zen sucht, wird in einer der bewegten, ›künstlerischen‹ Zen-Übungen Möglichkeiten finden, seinen Geist und Körper noch weiter zu schulen. Die Überlieferung und tägliche Praxis beweist dabei jedem Übenden, daß auch die ›künstlerischen‹ Wege Chendo, Aikido, Kado u.a. vom Geist des Zen durchdrungen sind, und genau wie die Sitz-Meditation zur Erleuchtung führen können.

Mit Street-Zen im Alltag bleiben

Das von *Nuel Rho San* entwickelte Street-Zen arbeitet und wirkt sowohl auf der Ebene der inneren Stille, als auch auf der nach außen sichtbaren Bewegung. Es schafft damit die Vereinigung von künstlerischem Weg und Meditation, und ermöglicht vor allem ihre gleichzeitige Anwendung im Alltag.

Diese *Gleichzeitigkeit* ist das eigentlich Neue des zen-buddhistischen Weges Street-Zen.

Beide Elemente – Versenkung durch Ich-Entleerung, sowie Ich-Betonung durch dynamische Übungen – entsprechen dem Dualitätsprinzip unserer Welt, unseres Daseins, unseres Körpers und sind wie Yin und Yang ein untrennbares kosmisches Prinzip.

Klassische Zen-Meditation im Gehen (Kin-hin)

Die Wurzeln von Street-Zen

Die Übungen von Street-Zen sind auf der einen Seite vergleichbar mit manchen künstlerischen Zen-Praktiken, auf der anderen Seite ähneln sie dem Kin-hin, das sonst nur in Verbindung mit der reinen Sitzmeditation ausgeübt wird.

Kin-hin

Kin-hin ist eine seit langem bekannte Übung des Zen-Buddhismus im Gehen. Es wird in allen Zen-Klöstern und Meditationszentren zwischen den Sitzübungen (Zazen) empfohlen, und findet vor allem bei den Sesshin, den Tagen besonders intensiver und strenger Übung des gesammelten Geistes, seine Anwendung.
Zwischen den meist einer halben bis dreiviertel Stunde andauernden Sitzmeditationen werden die Schüler zum Kin-hin aufgefordert. Dieses meditative Gehen dient dazu, den eingeschlafenen oder steifgewordenen Gliedern etwas Auflockerung zu verschaffen. Gleichzeitig ist aber diese Bewegungsübung so angelegt, daß die erreichte meditative Phase nur wenig unterbrochen wird.
Der Übergangscharakter des Kin-hin ergibt sich daraus, daß es nur zwischen zwei Sitzungsperioden praktiziert wird und der

Meditierende bei der Verknüpfung von Bewegung und Stille lediglich Kraft sammelt für die nächste meditative Sitzphase.

Kin-hin in seiner überlieferten Form kann deshalb weder als eine besondere Übung zum Gehen, noch als eine eigenständige Meditationsübung bezeichnet werden.

Gangarten des Kin-hin

In der Rinzai-Schule, einer der beiden Hauptrichtungen des Zen, die im heutigen Japan noch lebendig sind, wird das Laufen schnell und kraftvoll gelehrt, während in der Soto-Schule, der anderen großen Richtung des Zen im traditionsbewußten Japan, ein zeitlupenartiges Laufen vorgeschrieben ist.

Daiun Sogaku Harada, einer der bedeutendsten Zen-Meister des modernen Japan, der von 1870-1961 lebte, und der sowohl in der Soto-, als auch der Rinzai-Schule unterrichtet wurde, wählte später einen mittleren Weg. Er empfahl seinen Schülern, für die Unterbrechungen der Sitzmeditationen ein Kin-hin anzuwenden, das einem ganz normalen Spazierschritt entspräche.

Das grundsätzliche Anliegen des Kin-hin ist in allen Schulen, sei es Rinzai, Soto oder der von Harada, gleich. Es dient der Lockerung eingeschlafener oder angespannter Beinmuskulatur und es soll während der Auflockerung die Kräfte des meditativen Flusses nicht verlorengehen lassen.

Der fast laufschrittartige Stil beim Kin-hin der Rinzai-Schule reißt den Übenden gewissermaßen aus der Gliederstille, um ihn bis zum Ende der Übung in Trab zu halten. Für erfahrene Schüler wird dabei der Körper zwar im schnellen Tempo von den Beinen getragen, doch der Geist klebt förmlich an seinem

alten Zustand der Meditation, und hat seinen Sitzplatz praktisch nicht verlassen.

Kin-hin bei der Soto-Schule mit seinen zeitlupenartigen Bewegungen versucht die Bewegungsabläufe geringzuhalten, um sich von der Bewegungslosigkeit der Sitzmeditation so wenig wie möglich zu entfernen.

Bei den Kin-hin Übungen nach der Schule des Meisters Daiun Sogaku Harada, die sich zwischen den beiden Extremen der Rinzai- und Soto-Schule bewegt, behält der Schüler eine ganz normale Gangart bei. Dieses ›Hinübertragen‹ der meditativen Stimmung in die normale Bewegung ähnelt an gewissen Punkten dem Street-Zen. In noch stärkerem Maße wird ein Übender dabei an christliche Gebetsgänge und andere kontemplative Übungen des Geistes denken, wie sie in vielen Kulturen der Welt zu finden sind.

Kin-hin Beschreibung I

Ein Schüler der Soto-Schule schrieb darüber folgendes:
»Wenn innerhalb einer längeren Sitzübung (meist 45 Minuten) eine Zeit der Gliederentspannung gekommen ist, stehen alle auf ein Zeichen auf. Das geschieht sehr behutsam, ohne die innere Versenkung allzu grob zu unterbrechen.

Während des Aufstehens wird der ehemals feste Sitzkontakt mit dem Boden langsam auf die Füße übertragen. Der Meditierende soll sich so verhalten, als wolle er die Meditation im Stehen fortsetzen. Nach dem Aufstehen verharrt er einige Zeit entspannt und ohne zu verkrampfen in dieser Stellung. Dann wird die linke Hand ohne besonderen Aufwand zur Faust geformt, wobei auch der Daumen in die geschlossene Hand geht. Diese Hand wird nun behutsam zur Brustmitte gelegt und leicht an den Körper gedrückt, mit den Knöcheln nach oben.

Danach wird die rechte Hand mit genauso gemessener Bewegung auf den Rücken der linken Hand gelegt. Der Auflagedruck soll gleichfalls sehr leicht sein.

Beide Unterarme befinden sich bei der Ausgangsstellung zum Kin-hin in waagerechter Haltung, jedoch nicht in unnatürlicher Spannung, während die Schultern ganz locker und gelöst bleiben. Erst wenn diese Haltung eingenommen ist, beginnt das eigentliche Gehen.

Dieses Gehen sollte unbedingt vorher geübt werden, denn es bedeutet für den Schüler, sich sehr langsam und Schritt für Schritt zu bewegen und das bei minimalster Ausschreitung. Es ist ein zeitlupenartiges Vorwärtskommen und wird durch keine abrupten Bewegungen gestört. Wenn sich eine Gruppe von Meditierenden aus dem Zazen erhebt und zum Kin-hin schreitet, wird niemand durch einen disharmonischen Bewegungsablauf seines Nachbarn abgelenkt.

Für fast jeden ist eine große Willensanstrengung nötig, um nach einer längeren Zeit des Sitzens ohne Schwanken und Zittern aufzustehen. Manchmal muß man sich sehr konzentrieren, um mit den fast leblosen Beinen das richtige Maß des Stehens und Gehens wiederzuerlangen, und für viele Schüler ähnelt dabei der Anfang des Kin-hin einer ungewohnten Gleichgewichtsübung.

Das Gehen im Kin-hin ist glücklicherweise ganz und gar mit der Atmung verbunden. Es stellt sowohl für den Anfänger als auch für den Fortgeschrittenen eine starke Hilfe dar, um auch in dieser konzentrierten Bewegung mit den Gedanken nicht abzuschweifen.

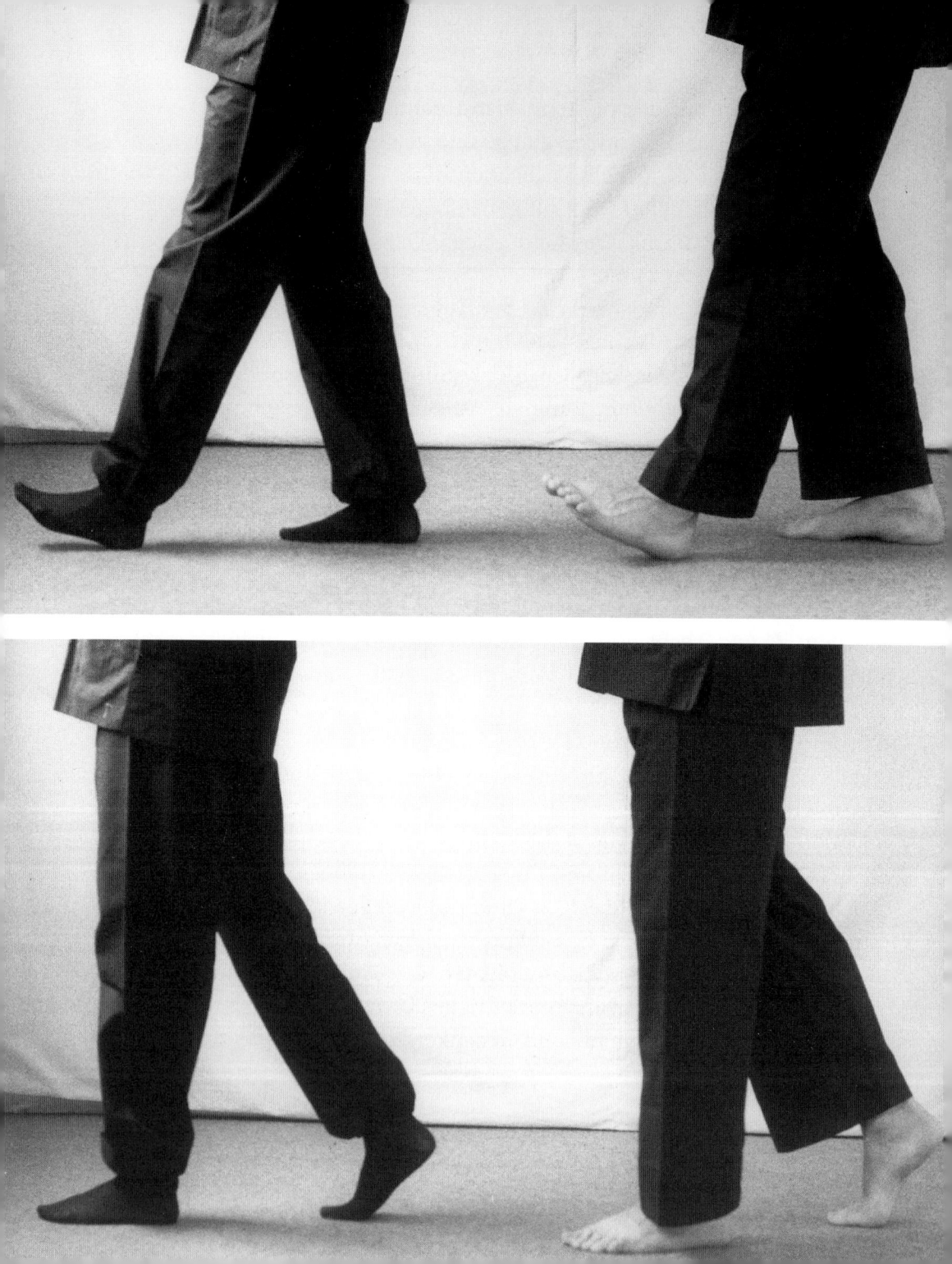

Je nach der Atemfrequenz, die man beim meditativen Sitzen benutzt hat, soll nun auch das Atmen beim Kin-hin weitergehen.

Wenn wir entspannt stehen und die Hände und Arme in der vorgeschriebenen Form am Körper halten, beginnen wir beim ersten Einatmungszug einen Fuß zu heben, um ihn zu Beginn des langsamen Ausatmens behutsam mit der Ferse wieder aufzusetzen. Während wir beim langen Ausatmen das Gewicht zuerst auf die Ferse und dann beim Abrollen zum Fußballen verlagern, heben wir gleichzeitig die Ferse des anderen Fußes hoch, um beim erneuten Einatmen in die Schwebe zu gehen und das nächste Aufsetzen mit dem Ausatmen zu verbinden. Auf diese Art und Weise ist die Schrittfolge vom ersten Schritt an mit dem Atemrhythmus gckoppelt, so daß die Bewegung der Füße im völligen Gleichmaß dazu erfolgt.

Während des Kin-hin ordnen sich die Schüler zu einem lockeren Kreis, der sich langsam durch die Halle bewegt.«

Kin-hin Beschreibung II

Ein anderer, mehr tagebuchartiger Bericht, der ebenfalls nach einer Sesshinveranstaltung entstand, hat das Kin-hin zwar kürzer, doch ebenfalls sehr prägnant beschrieben:

»Zazen: ruhig sitzen, die einzige Forderung! Der Körper im Lotus-Sitz bildet ein Dreieck. Alle halbe Stunde; Unterbrechung durch ein rhythmisches Gehen im Gänsemarsch, ohne daß die Meditation unterbrochen wird in drei Zeiten gegliedert: Einatmen; Anhalten des Atems; stark verlängertes, auf den Bauch (Hara) konzentriertes Ausatmen, bei dem der Unterleib nach vorn gepreßt wird.

25

Brennende Kerzen, leichter Weihrauch, alles ist in Bewegung, ich versuche den Geist festzuhalten ... usw.«

Kin-hin Beschreibung III

Eine weitere Beschreibung stammt aus einer Erzählung mit dem Titel »Eine Stunde Zazen«.
Sie sagt über das Meditieren im Gehen folgendes:
»... Nun beginnt das Gehen, Kin-hin, nicht mehr als eine Pause zwischen zwei langen Zazen-Sitzungen. In gerader Linie gehen wir an der Wand entlang, langsam, bedächtig, mit ruhigem Atem, die Hände ineinander über der Brust verschränkt. Die Spannung läßt nicht nach. Man sagt, Kin-hin sei schwieriger auszuführen als die Meditation im Sitzen.
Wir gehen weiter, die Augen halb geschlossen, ohne die asymmetrischen Blumenarrangements vor dem Buddha-Altar anzuschauen und ebensowenig die vor uns gehenden Personen.
Wozu Zazen! ...« usw.
Die beschriebenen Abläufe eines Kin-hin werden wahrscheinlich so oder ähnlich in allen Zen-Klöstern und Meditationszentren ablaufen, die nach der Soto-Schule Zen praktizieren.

Weitere Kin-hin Details

Aus anderen Beschreibungen und Anleitungen wären noch einige Details hinzuzufügen, die aber das Grundschema für Kin-hin nicht verändern.
So legen viele Meister darauf Wert, daß der im Kin-hin Meditierende keinen Augenblick stehenbleiben darf. Selbst bei noch

so langsamem Gehen, wenn zum Beispiel das Ausatmen zum Einatmen in einem Verhältnis von 9:1 oder 10:1 steht und damit die Bewegungsabläufe der auf- und absetzenden Füße extrem verlangsamt sind, soll die Dynamik einer Vorwärtsbewegung nicht unterbrochen werden. Dabei gibt dann der konstante Atemrhythmus das Tempo vor und unterstützt so durch sein Gleichmaß den Fluß der Bewegung.

Ebenso wichtig wie die in sich ruhende Bewegung ist beim Kin-hin der Blick des im Gehen Meditierenden. Zunächst sollen die Augen wie bei der Sitzmeditation nicht umherwandern, sondern »stillstehen«. Desweiteren soll der Blick auf einen Punkt gerichtet sein. Bei der Meditation heißt das, eine Stelle an der Wand oder im Raum zu fixieren, ohne diesen Punkt wirklich zu »sehen«.

Beim Kin-hin ist mit dieser Augenstellung mehr die Blickrichtung gemeint. Sie liegt unmittelbar vor den Füßen und gibt dem Gehenden wie mit einem unsichtbaren dritten Bein weiteren Halt und damit das Gefühl, mit den Augen vorauszulaufen.

Auch dieses Fixieren der Augen bedeutet selbstverständlich kein vordergründiges Wahrnehmen, sondern wird oft beschrieben als ein »Mit-den-Augen-darüber-Hinwegschleifen«.

Aber unabhängig davon, in welcher Zen-Schule und in welcher Gangart Kin-hin ausgeübt wird: allen Zen-Schülern wird das Gehen in guter Erinnerung bleiben. Nicht nur als ein willkommener Moment der Entspannung, sondern auch als eine verbindende Übung, die die Meditation der Stille in eine Handlung überträgt, die nicht im Sitzen zu absolvieren ist.

Kin-hin wird aus diesem Grund für viele ein Anstoß gewesen sein, Zen auch im Alltag zu üben, und es kann für manchen der Beginn für die Beschäftigung mit Street-Zen werden.

Zen-Meditation nach Nuel Rho San
(Street-Zen)

Street-Zen ist anders als Kin-hin

Street-Zen hat seinen Ursprung zwar im klassischen Kin-hin, doch durch die umfassende Weiterentwicklung durch *Nuel Rho San* unterscheidet es sich ganz wesentlich von den überbrückenden Übungen zwischen zwei Meditationssitzungen, wie sie in den verschiedenen Zen-Schulen gelehrt werden.

Die Gemeinsamkeit zwischen Kin-hin und Street-Zen liegt einzig und allein in der Bewegung, die innerhalb einer zen-buddhistischen Übung ausgeführt wird.

Street-Zen verzichtet zum Beispiel auf das Element der umgebenden Stille und es benötigt auch kein vorangegangenes Sitzen. Street-Zen verläßt sozusagen die Haupthalle der Meditation und beschreitet einen Weg, der unabhängig von äußerer Ruhe und körperlichem Stillstand liegt.

Die Bewegung beim Street-Zen ist wie beim Kin-hin das Gehen, doch es spielt dabei keine Rolle, ob der begangene Weg über Wiesen und durch Wälder führt, oder ob er auf Straßen verläuft, die vom Lärm der Stadt gezeichnet sind.

Wichtig für das Erlernen und Ausüben von Street-Zen ist lediglich, daß es *nur* im Gehen ausgeübt werden kann.

Im Gegensatz zu Kin-hin ist Street-Zen eine völlig eigenständige Meditationsübung.

Es ist ein Weg zur Selbsterfahrung, der kein unmittelbar vorangegangenes Stillsitzen benötigt.

Gerade weil Street-Zen auf die Ruhe einer Meditationshalle verzichten kann, und auch nicht unbedingt bei seiner Anwendung in einen stillen Garten flüchten muß, wird es dem Übenden leichter gemacht, sich unabhängig von Zeit und Ort immer wieder auf der Suche nach dem wirklichen Seinszustand zu begeben.

Mehr als Spazierengehen

Nuel Rho San hatte von Anfang an alle Übungen auf belebte Straßen verlegt. Er handelte dabei in dem Bewußtsein, daß die Selbstfindung eines Suchenden weder durch eigene körperliche Bewegung noch durch umgebenden Lärm verhindert werden kann.

Selbst das Tempo des meditativen Gehens beim Street-Zen hat Nuel Rho San nicht kategorisch festgelegt, sondern es jedem Übenden überlassen, die eigene Gangart zu finden.

Daß Street-Zen dennoch mehr ist als ein unbekümmerter Spaziergang mit freundlichen Gedanken an den Buddhismus, hängt stark von der inneren Einstellung des Übenden ab und noch mehr von der Beachtung der Hilfsmittel, die Nuel Rho San dafür entwickelt hat.

Um aus einem beschaulichen Laufen die Kunst des Gehens werden zu lassen, die tief vom Geist des Zen durchzogen ist, bedarf es einer Reihe erprobter Übungselemente. Sie haben viel zu tun mit richtiger Beinbewegung, rechter Haltung und natürlicher Atmung. Sie haben aber auch zu tun mit dem Gleichmaß sinnlicher Eindrücke und dem Aufbau einer inneren Ruhe, bis »nur noch der Körper geht, und der Geist davongetragen wird«.

Der Ungeübte trifft den Geübten

Bei allen Seminaren mit Street-Zen hat sich gezeigt, daß das meditative Gehen für Ungeübte genauso geeignet ist, wie für erfahrene Zen-Buddhisten. Der Unerfahrene lernt mit Street-Zen eine Meditationsart kennen, in die er sich auf eine Art hineinarbeiten kann, die zumindest in ihren Anfängen dem rastlosen und terminknappen Geist dieser Zeit entspricht.

Der in Zen Geübte dagegen wird vor allem den zweifachen Weg von Street-Zen begrüßen. Die gleichzeitige Anwendung einer »künstlerischen« und einer »religiösen« Richtung ermöglicht es auf eine andere Art, dem Schüler bei der Erschließung des Seins und seiner Entfaltung zu helfen.

Wer allerdings daraus folgert, daß dem Suchenden mit Street-Zen ein Schlüssel zur Verfügung steht, der beinahe wie von selbst das Tor zur Selbsterfahrung aufschließt, wird bald erkennen müssen, daß auch Street-Zen nur ein Weg ist, der mit einer festen inneren Einstellung und *ständiger* Übung zum Erfolg führt.

Street-Zen beschreitet durch die »religiöse« und die »künstlerische« Richtung Wege, die einer zweifachen zen-buddhistischen Übung entsprechen.

Der künstlerische Weg steht dabei zunächst im Vordergrund, denn erst mit seiner Entfaltung und auf seiner Grundlage werden die Voraussetzungen für den religiösen Teil geschaffen.

Der künstlerische Weg konzentriert sich auf eine Reihe aufbauender Elemente, an deren Spitze die »Kunst des Gehens« stehen soll. In dieser höchsten Form des Gehens ist jede Aktion und Reaktion losgelöst von ablenkenden Sinneseindrücken und umfaßt in seinem Zusammenwirken den gesamten Körper. Am Ende hat der im Street-Zen Gehende jede Anstrengung und Spannung verloren, dafür aber alle Harmonie und innere Kraft gewonnen. Der »religiöse Weg« von Street-Zen verläuft für den Übenden bildlich gesprochen oberhalb des »künstlerischen Weges«. Mit der Hinwendung des körperlich-sinnlichen Ichs zur Kunst des Gehens wird der Geist aus seiner angenommenen Seins-Bestimmung verdrängt, und kann so in jene Bereiche gelangen, die er sonst bei allen anderen religiösen Wegen des Zen anstrebt.

Andere Pfade und Wege

Zum Erscheinungsbild der buddhistischen Religion gehört es, daß ihre Botschaft von einer Reihe Schulen und Strömungen verbreitet wird, die zum Teil erheblich voneinander abweichen. Der Kern der Lehre ist davon nicht betroffen, doch in der Praxis haben sich immer wieder Bereiche herausgebildet, die starke Unterschiede

32

zeigen. Bestimmte Handhabungen und Rituale schließen einander sogar aus oder wären von einer Schule zur anderen überhaupt nicht übertragbar.

Solange jedoch die alles umfassende Grundidee des Buddhismus unangetastet bleibt, zeigt sich darin nur die Eigenständigkeit der einzelnen buddhistischen Wege. Um die zen-buddhistische Vielfalt aufzuzeigen, genügt es, die Möglichkeiten zu betrachten, in welcher Form Meditation ausgeübt werden kann.

Vielfalt der Meditation

Jede Schule hat seine zum Teil geschichtlich gewachsenen Vorstellungen von der richtigen Meditation, und jede Richtung legt Wert auf die Betonung seiner eigenen und bewährten Technik. Aus diesem Grund geschieht es immer wieder, daß der ganz allgemein am Buddhismus interessierte Schüler bei der Suche nach dem rechten Weg auf Übungen stößt, die sich durch ihre gegensätzliche Auslegung der Meditationspraxis regelrecht aufheben würden.

So betonen bestimmte Meditationstechniken, wie beispielsweise das tibetische Mantra, eine Reihe von Vorstellungsbilder beim Übenden, während es bei anderen Buddhisten strikt verboten ist, irgendwelche Imaginationen zu Hilfe zu nehmen.

Manche meditative Techniken beziehen die Sinnesorgane in ihren Übungsablauf ein, indem sie entweder Musik oder sichtbare Formen, wie zum Beispiel Mandalas, verwenden. Im Gegensatz dazu gibt es aber auch buddhistische Schulen, die ihre Meditationsübungen mit dem vollständigen Rückzug aus den Sinnen begleiten.

Ganz andere buddhistische Richtungen verlangen bei der Meditation das Entwickeln besonderer Empfindungen, während es im Kontrast dazu auch solche gibt, bei denen es darum geht, jegliche Anhebung körperlicher oder sinnlicher Vorstellungen zu vermeiden.

Die Reihe der Gegensätzlichkeiten ist damit noch nicht erschöpft, und es spielt keine Rolle, ob die Unterschiede in geistigen oder körperlichen Praktiken gesucht werden.

Zum Schluß sei noch erwähnt, daß es auch Meditationspfade gibt, die sich in vollständiger Inaktivität üben, und daß die Gegensätzlichen dazu jene sind, die vor allem mit der Bewegung (Tanz, Gestik, Gehen, u.a.) arbeiten.

Das Was und das Wie

Die Fülle der Beispiele zeigt, daß jedem Suchenden ein weites Feld an verschiedenen Versenkungspraktiken zur Verfügung steht. Doch aus der Vielfalt der Meditationsmöglichkeiten läßt sich nicht der gute, bessere oder vollkommene Weg herausfinden, sondern nur feststellen, daß es für die gleichbleibende Grundsatzübung der buddhistischen Meditation verschiedene Mittel gibt.

Aus diesem Grund spielt nicht das *Was* die entscheidende Rolle, sondern das *Wie*.

So wichtig es ist zu wissen, *was* man tut, noch wichtiger ist das Wissen darum, *wie* man es tut.

Wenn ein Lehrbuch zunächst für das *Was* entscheidend war, sollte für das *Wie* auf die Dauer mehr als eine schriftliche Anleitung benutzt werden, denn jeder, der seinen Weg gefunden glaubt, wird ihn nicht für alle Zeit allein gehen können.

Die Vermittlung der vollkommenen Anwendung gehört zu der schwierigen Praxis zwischen Schüler und Lehrer, und erst in der Begegnung zwischen beiden wird sich die wahre Qualität einer eingeschlagenen Meditationsrichtung erkennen lassen.

Das Was im Wie

Wer einen zen-buddhistischen Weg beschreitet, will sich im gegenwärtigen Seinszustand ändern, und das kann nur erreicht werden, indem er dafür ein Medium wählt. Die jeweiligen Übertragungen nehmen dabei die verschiedensten Formen an.

So kann aus der Bewegung Judo werden, es kann aber auch zum Tanz führen, oder zum kunstvollen Gehen.

Aus der Ruhe kann für den einen das Abbild einer sitzenden Statue entstehen, für den anderen das Wunder göttlicher Formen werden.

Aus der Sprache wird ein heiliger Laut oder der Gesang, und aus gewissen Tätigkeiten entstehen die Gesten der Nächstenliebe.

Eines bleibt allerdings allen Übenden gemeinsam; ihre einmal angenommene Haltung bedeutet sowohl der Weg, als auch das Ziel.

Und noch etwas ist diesen Praktiken gemeinsam. Während wir im Alltag von einer Angelegenheit zur anderen übergehen, und dabei körperlich und geistig in ständiger Veränderung leben, kommt es bei allen zen-buddhistischen Übungen darauf an, die Aufmerksamkeit ungeteilt auf eine einzige Tätigkeit oder Empfindung zu lenken.

Erste praktische Übungen

Bevor wir mit den Übungen für Street-Zen beginnen, sollten wir uns noch einmal klar darüber werden, daß dieser zen-buddhistische Weg aus zwei Elementen besteht, die zunächst unabhängig voneinander geübt werden müssen.

Von Anfang an mit dem Geist des Zen

Wie bei jeder Zen-Übung beginnt und endet alles in unserem Körper. Die Widersprüche des Ichs werden durch die Sinne erfahren und können nur durch die Sinne überwunden werden. Meditieren bedeutet sich zu verändern, und das Ziel der Meditation, die Erleuchtung, wird sowohl beim Sitzen, als auch beim Gehen dadurch erreicht, daß die Sinne als Meßfühler des eigenen Selbst ihren ursprünglichen Wert verlieren.

Während beim Meditieren im Sitzen den Sinnesorganen über die Körperruhe und die umgebende Stille ihre rezeptive Aufgabe genommen wird, werden bei der Meditation im Gehen zunächst alle Sinne auf die gleichförmige und angenommene Bewegung gelenkt, bis sie durch die ständige Wiederholung ebenfalls ihre gewohnte Rolle aufgeben und dem Geist zur inneren Stille verhelfen.

Das Gehen wird dabei schrittweise zu einer Kunst, die ganz und gar vom Geist des Zen durchdrungen ist.

Das ›einfache‹ Gehen zählt normalerweise zu unseren alltäglichsten Bewegungen und erfordert keine besonderen Vorkehrungen. ›Gutes‹ Gehen dagegen kann bereits als eine erweiterte Forderung im medizinischen und ästhetischen Sinne betrachtet werden, und stellt schon einige Anforderungen an Bein- und Körperhaltung. Gehen als Übungsteil von Street-Zen schließt zwar ›gutes Gehen‹ in Beziehung zur Atmung und zur Körperhaltung ein, ist aber durch die ständige Beanspruchung aller Sinne ein Vorgang, bei dem der gesamte Körper seine gewohnte Rolle in der Gehbewegung aufgibt, um in einem ständigen Widerspruch zur Wirklichkeit zu stehen.

Die Kunst des Gehens ist deshalb bei richtiger Beherrschung von Street-Zen keine perfekte Bewegungsübung auf gymnastische Weise, sondern besteht in der unaufhörlichen Beanspruchung unserer Sinne, um den angenommenen Arbeitsvorgang – nicht wir durchschreiten den Raum, sondern er kommt uns entgegen – zur höchsten Vollendung zu führen.

Fußübungen und schrittweises Gehen

Die Füße in der Wohnung

Die allerersten Gehübungen für Street-Zen sollten in der Wohnung beginnen.

Um mit den Füßen zunächst alle möglichen Berührungskontakte zu probieren, stellen wir uns barfuß auf den Teppich oder die Dielen.

Die Füße haben zwar nicht den ausgeprägten Tastsinn der Hände, doch bei einiger Übung lassen sich auch mit den Zehen und der gesamten Fußsohle selbst bei glatt erscheinenden Flächen kleine Unebenheiten, Materialunterschiede und Übergänge erfühlen.

Zur Sensibilisierung unserer Fußsinne legen wir einige Gegenstände vor uns auf die Erde. Die Größe der Gegenstände kann von einem Kugelschreiber bis zum Telefon reichen. Wichtig ist nur, daß wir mit den Füßen Aussagen über das ertastete Objekt machen können, ohne unsere Augen zur Hilfe zu nehmen.

Nachdem wir Ecken, Kanten oder Rundungen erfühlt haben, dehnen wir das Tasten auf die Oberflächen verschiedener Materialien aus. Hier kommt es darauf an, harten, weichen, groben oder sonstigen Stoff zu spüren. Selbst wenn wir längere Zeit nur darauf stehen, können wir mit einiger Übung ein genaues Bild des Untergrundes geben, auf dem unsere Füße sich gerade befinden.

Das Tasten als kin-ästhetischer Vorgang ist als einziger unserer Sinne nicht auf den Kopf beschränkt und bei fortschreitender Übung wird es später genau diese Fähigkeit sein, aus der wir einen großen Teil der sinnlich-dynamischen Eindrücke verarbeiten, die dann zu der ›Kunst des Gehens‹ führen.

Erste Schritte geradeaus

Nachdem wir mit unseren nackten Beinen Berührungen des Fußbodens und verschiedener Gegenstände geübt haben, laufen wir einige Schritte mit geradeaus gerichteten Füßen. Wir bewegen uns dabei in der am häufigsten angewandten Gehform, von der Ferse zu den Spitzen abrollend. Jeder Zentimeter des Bodens muß spürbar sein und wir versuchen, mit geschlossenen Augen und im stark verlangsamten Gehen Schritt für Schritt, alle Sinne auf das Ergreifen durch die Füße zu lenken.

Anschleichen

Nach einigen ›normalen‹ Bewegungen laufen wir in einer anderen Variante des Gehens, dem Indianerschritt, oder das Anschleichen mit dem Abrollen über die Zehen zur Ferse. Auch diesmal geht es nur darum, die Sinneseindrücke bewußt aufzuschlüsseln und sich völlig auf das Greifbare des Gehens zu konzentrieren.

Fest auftreten

Wenn wir einige Male zwischen ›normal gehend‹ und ›anschleichend‹ gewechselt haben, können wir auch noch die dritte Art des Gehens, das Auftreten mit der ganzen Fußsohle probieren.
Bei diesem mehr Schritt für Schritt Laufen haben wir zwar keinen griffigen Bodenkontakt, doch, wie bei den anderen Gehweisen, bekommen wir genügend Berührungseindrücke, um alle Möglichkeiten der Beinarbeit als einen zutiefst sinnlichen Akt zu begreifen.

Richtungen unterscheiden

Wie das Gehen nach den drei Auftrittsarten unterschieden werden kann, ist es auch möglich, die Fußausrichtung zu variieren.
Beim ›normalen‹ Gehen sind beide Füße gerade und parallel gestellt. Halten wir die Füße dagegen seitwärts gerichtet, wie es

zum Beispiel beim Tanzen nötig ist, werden wir zwar beim Geradeausgehen einige Schwierigkeiten haben, beim Kurvenlaufen oder eben beim Tanzen, mit seinen ständig wechselnden Beinbewegungen, ist das seitwärtige Laufen dagegen ideal.

Bei diesen ersten kleinen Übungen kommt es, wie gesagt, nur darauf an, den Sinneseindruck, den das Gehen vermitteln kann, möglichst direkt und ungefiltert neu zu erleben.

Das erste Abtasten und Aufspüren soll neben der unmittelbaren sinnlichen Erfahrung auf die nach innen wirkende Dynamik unseres Körpers aufmerksam machen. Diese Dynamik übernimmt später die Rolle einer fortwährend wirkenden Kraft, mit deren Hilfe sich die geleistete Arbeit am ständigen Widerspruch zwischen Objekt und Subjekt aufreibt, bis endlich jegliche Dualität aufgehoben ist.

Die Dualität der Übung

Das sinnliche Erfassen und Erleben durch unsere Füße beim raumgreifenden Laufen ist ein sich rasch vollziehender Prozeß. Jeder wird auch schnell merken, daß sich die Eindrücke der Fußsohlen bald auf den ganzen Fuß fortsetzen, und dann die gesamte Beinmuskulatur einbeziehen. Schon nach sehr kurzer Zeit geht der Tastsinn unserer Füße über in das Gefühl einer komplexen sinnlichen Erfahrung, die den Körper von oben bis unten erfaßt. Gehen stellt dabei zunächst das Erlebnis eines Subjektes mit einem Objekt dar, und das entspricht auch unserer üblichen dualen Sehweise dieser Welt.

Es liegt bei jedem Übenden selbst, mit der täglichen Verrichtung Gehen einen Weg im Sinne von Zen zu beschreiten.

Die Leistung unseres Körpers und insbesondere der Beine bleibt nur solange eine meßbare Größe, bis es uns gelingt, den Widerspruch aufzuheben. Der Kreis der Übung schließt sich dadurch, daß jede begriffene sinnliche Erfahrung zu einem Erleben aus uns selbst wird.

Die vielbesprochene Dualität unserer Welterfahrung läßt sich durch Sinneseindrücke am besten belegen, sie verliert aber gerade durch die Überbeanspruchung der Sinne am schnellsten und bringt uns so zum Erlebnis unserer Selbst.

Gehen in der Natur

Erst nach den einführenden Übungen in der Wohnung sollten wir in der freien Natur mit dem Gehen im Sinne von Street-Zen beginnen.

Ideal sind für den Anfang Wald und Wiese, Parkanlagen oder Wege mit Sand oder Kies.

Auch bei diesen Laufübungen geht es zuallererst darum, nur völlig fußkonzentriert zu sein. Unsere Tastsinne müssen erst wieder lernen, von der zartesten Berührung bis zum vollen ›Greifen‹ den richtigen Eindruck zu erhalten.

Das Schritt für Schritt gehen, verbunden mit dem Aufspüren des Untergrundes, findet nach Möglichkeit zuerst auf unebenem Boden statt. Eine Strecke von zehn bis zwanzig Metern im Garten, auf dem Feld oder auf einer Wiese sind dafür ausreichend.

Um den Boden mit den Füßen in direktester Weise zu ›begreifen‹, ist Schuhwerk mit einer dünnen Sohle von Vorteil. Wenn es die Gegebenheiten erlauben, wäre das barfüßige Üben am idealsten.

Jeder unserer Schritte soll zunächst einzeln erfolgen.

Kurzes Verharren auf einem Fleck, oder Abtasten über das direkte Aufsetzen hinaus dienen nur einem gründlichen Kennenlernen des Untergrundes. Genauso verhält es sich, wenn der Fuß nicht fest oder gerade aufsetzt. Jede noch so kleine Erfahrung erweitert und schult bei dieser Gangart unsere Sinne.

Direkter Kontakt zur Erde

Das schrittweise, sich vorwärts tastende Gehen dient zu nichts anderem, als das Bewußtsein in direkten Kontakt mit der Erde zu bringen. Neben dem Überwinden von Entfernungen soll Gehen für einige Zeit nur die Bedeutung haben, die einzelnen Schrittfolgen bevorzugt wahrzunehmen. In das Bewußtsein tritt dadurch die fortlaufende Unebenheit des Waldes, der federnde Boden einer Wiese, der nachgebende Untergrund von feinem oder grobem Sand, oder später der steinerne Belag der Straße.

Wie wir uns auch bei der Sitzmeditation erst mit dem Instrumentarium unseres Körpers auf einer neuen Ebene vertraut machen müssen, so stellen wir beim Gehen ganz bewußt das subjektive Erleben eines objektiven Vorganges in den Vordergrund.

Alle Sinne laufen

Wir laufen zwar mit den Füßen, aber unsere Augen wandern natürlich immer mit. Bevor wir einen Fuß aufsetzen, haben sich in unserer Vorstellung schon bestimmte Eindrücke über die Beschaffenheit des Bodens, mögliche Hindernisse und andere Informationen eingestellt.

Auch die anderen Sinne haben ihren Anteil beim Laufen. Wenn wir deshalb einen Augenblick alle Sinne außer dem Tasten ausschalten wollen, müssen wir für kurze Zeit die Luft anhalten, die Augen schließen und mit beiden Händen die Ohren zuhalten. Der erste Schritt mit diesen Handicaps wird sehr unsicher ausfallen. Erst wenn wir uns klar machen, daß wir uns in einer stabilen Grundstellung Schritt für Schritt vorwärts bewegen können, haben wir den Kopf frei für das ausschließliche Tasten und Begreifen der Erde durch unsere Füße.

Unmittelbar verbunden mit der Schulung der Sinne ist das Gefühl, daß bald auch die Beine, der Unterkörper, und schließlich der gesamte Körper in das Laufen miteinbezogen werden.

Das schrittweise Gehen schult unseren kin-ästhetischen Sinn über die Füße, und stellt ihn in den Mittelpunkt unserer Sinneseindrücke.

Übungsdauer

Wie bei jeder Handhabung einer bestimmten körperlichen Bewegung sollte die Übungsdauer in einem vernünftigen Mittelmaß

liegen. Zehn Minuten bis zu einer Viertelstunde sind für das schrittweise Gehen auf jeden Fall ausreichend.

Nuel Rho San nannte als Faustregel immer das Doppelte von dem, was man sich bei Beginn der Übung vorgenommen hatte. Die eine Hälfte wäre dann die Bereitschaft und die andere Selbstdisziplin.

Richtiges Atmen gehört zum richtigen Gehen

Richtiges Atmen ist natürliches Atmen

Vom richtigen Atem wird gesagt, daß er nicht gemacht wird, sondern ganz von selbst dem Körper und der Seele zur Verfügung steht.

Atmung ist also etwas sehr Ursprüngliches, und erst durch bewußte oder unbewußte Beeinflussung des Ichs hat sie bei vielen Menschen ihren natürlichen Rhythmus, ihren wahren Umfang und die gesunde Tiefe verloren.

Richtiges Atmen heißt deshalb für die meisten, Verlorenes wiederherzustellen oder im günstigen Fall Vorhandenes zu festigen. Doch aus welchem Grund das natürliche Atmen auch geübt wird, niemand kann es sich einfach anbefehlen.

Atmungsübungen zielen nicht auf einen vorprogrammierten neuen Rhythmus ab, sondern reißen vorhandene Barrieren ein, um das, was uns nie verlassen hat, einfach wieder zuzulassen.

Wer im Zusammenhang mit Zen-Übungen vom richtigen Atmen spricht, meint damit immer die natürliche, ursprüngliche Atmung. Grundsätzlich ist damit die sogenannte Zwerchfellatmung gemeint. Das ist ein tiefes und unbewußtes Luftholen und -ausstoßen, bei der wir die beiden Atemwellen bis hinunter in den Unterbauch spüren müssen.

Wir können nicht übungsweise den ganzen Tag jeden Atemzug bewußt durch den Körper begleiten, doch es schadet nicht, immer wieder daran zu denken, daß die Kraft des Atmens kein oberflächliches Luftholen ist, sondern bis tief in unsere Körpermitte gelenkt werden kann.

Die Tiefen- oder Zwerchfellatmung ist eine ursprüngliche Atmung und wie andere natürliche Erscheinungen etwas sehr Freies und Losgelassenes. Mit ihrer Hilfe gelingt es auch, unserem Körper jene Voraussetzung zu schaffen, die bei der Meditation und anderen Versenkungspraktiken benötigt werden.

Wer einmal den Rhythmus der Bauchatmung gefunden hat, wird sie selbstverständlich auch außerhalb von Zen-Übungen nicht verlieren. So ist das gute Atmen nicht nur für die Meditation und andere zen-buddhistische Übungen wichtig, sie ist auch die Basis einer gesunden Körperhaltung, denn mit nach vorn hängenden Schultern und eingedrücktem Brustkorb läßt es sich schlecht mit Bauch und Zwerchfell atmen.

Überprüfen der Atmung

Für alle, die ihre Zwerchfellatmung überprüfen wollen, gibt es ein einfaches Mittel. Man lege seine flache Hand auf den Oberbauch und schnüffle dann ein paarmal mit der Nase. Im Rhythmus des Schnüffelns wird sich die Hand auf dem Bauch bewegen und das ist das Zeichen dafür, daß mit dem Zwerchfell geatmet wurde. Auf die gleiche Weise kann man mit dem »Handauflegen« prüfen, ob, und wie stark der Bauch am Atemholen und Atemausstoßen beteiligt ist.

Einatmen und Ausatmen

Weil das Atmen eine rhythmische Bewegung ist, hat jeder Mensch auch seine eigene Atmung. Das Grundmuster allerdings sollte bei jedem immer gleich sein.

Das Ausatmen ist länger als das Einatmen und zwischen dem Hin und Her der Luft besteht eine kleine Pause. Auch dabei kann man sich beobachten, und wer im Takt – einatmen – langes ausatmen – Pause – seinen Rhythmus nachvollzieht, kann in Gedanken bei jedem Atemzug die Ziffer 1 malen. Der kleinere Aufstrich entspricht dem Einatmen, die lange Senkrechte ist das Ausatmen, und nach einer Pause oder einem Punkt hinter der Zahl malen wir die nächste Ziffer 1.

Mit dieser ›einfachen‹, aber bewußt gemachten Atmung kommen wir der späteren unbewußten Tiefenatmung sehr nahe, und wenn nach einer Weile des Übens und Achtens der Atem quasi wieder freigelassen wird, kommt es bald wie von selbst zur richtigen, der Zwerchfellatmung.

Bewegung und Atmung

Die Abhängigkeit der Sitzmeditation von der Atmung ist oft beschrieben worden.

Wie im Sitzen gibt es auch im Liegen und beim Stehen einen untrennbaren Zusammenhang zum Atmen, und noch offensichtlicher wird dieses Zusammenspiel bei der Bewegung.

Atmungstherapeuten behaupten, daß bei richtiger Bewegung die Atmung von selber richtig verläuft. Diese Behauptung stimmt allerdings nur, wenn Bewegung und Atmung aufeinander abgestimmt sind. Die Priorität liegt dennoch immer beim Atmen. Nur wer unverkrampft und mühelos atmet, kann sich auch richtig bewegen.

Einfach nur atmen

Wer nun Bewegung und Atmung bewußt einander zuordnen möchte, darf das Tempo der Bewegung nicht gegen das Maß der Atmung festlegen.

Erst wenn die Bewegung eine Weile in den Atemrhythmus eingebettet ist, paßt sich die Atmung einer veränderten Bewegung auf natürliche Weise an. Allerdings vollzieht sich die Anpassung der Atmung nicht bei willkürlichen Bewegungsänderungen. Auch hier gilt der Grundsatz, daß die Bewegung des Körpers und die Bewegung der Atmung harmonisch zueinander finden müssen.

Wie es beim Atmen einen natürlichen Rhythmus gibt, kennen wir auch bei der Bewegung eine natürliche Gangart. Es ist der Schritt des Wandernden, und bei dieser, weder hektischen noch übertrieben verlangsamten Fortbewegung erleben wir die größte sinnliche Wahrnehmung unserer Umwelt.

Genauso wichtig wie das Tempo sind Anfang und Ende einer zielstrebigen Bewegung. Was nicht mit Ruhe beginnt, kann auch nicht harmonisch ausklingen.

Bewegung ist ein Vorgang, der im Einklang mit der inneren Einstellung entsteht, und ihr Rhythmus und ihre Form sind völlig damit verschmolzen. Alles steht im ursächlichen Zusammenhang. Erst die innere Sammlung läßt auch die Atmung einfach fließen, und natürliches Atmen gibt der Bewegung den erwünschten Rhythmus. Nur so bewegen wir uns frei, und atmen im seelischen Gleichgewicht.

Körperhaltung beim Gehen

Gehen fängt mit Stehen an

Die richtige Haltung beim *Gehen* fängt mit der rechten Haltung beim *Stehen* an.

Diese Ausgangsposition erscheint eine normale Forderung zu sein, doch in der Praxis zeigt sich immer wieder, daß nicht jeder auf natürliche Weise damit umgehen kann.

Mancher glaubt sogar, daß Stehen eine Position darstellt, die so einfach ist, daß es sich nicht lohnt, dafür extra zu üben.

Auch das Sammeln der inneren Kraft, als dem zentralen Punkt des richtigen Stehens, wird schnell mit geistiger Konzentration oder gespannter körperlicher Aufmerksamkeit verwechselt.

Richtig stehen

Um richtig stehen zu können, muß zunächst einmal der rechte Schwerpunkt des Körpers hergestellt werden. Zum Finden des rechten Schwerpunktes stellt man sich breitbeinig hin, einen festen Stand suchend, schaut geradeaus, und läßt die Arme locker herunter hängen. Diese Haltung hat zunächst wenig mit dem richtigen Stehen zu tun. Der Übende erfährt im Moment lediglich, daß Stehen auch Bewegung sein kann. Der Körper befindet sich dabei in einem feinen Spiel um eine Gleichgewichtslage, und mit etwas Aufmerksamkeit merkt jeder schnell, daß Gleichgewicht nicht einfach vorhanden ist, sondern immer wieder gefunden werden muß.

Das einfache Sich-Hinstellen, als Übung zum Finden des Schwerpunktes, kann aus verschiedenen Stellungen heraus wiederholt werden. Man bleibt aus dem Lauf stehen, oder stellt sich nach dem Liegen oder dem Sitzen so hin, daß die Beine fest auf der Erde stehen, und der Kopf erhoben bleibt. Wir stehen ohne überflüssigen Stolz und fühlen uns in Gedanken ganzkörperlich mit der Erde verwachsen.

Erst wenn wir diesen Anfangsschritt beherrschen und uns so benehmen, als ständen wir zur rechten Zeit am richtigen Platz, beginnt die Harmonisierung unserer äußeren Erscheinung mit unserer inneren Haltung.

Es ist diese Grundhaltung, in die man sozusagen hereintritt und

in der man sich nach einiger Zeit wie zu Hause fühlt. Am Ende der Übung muß der erreichte Zustand des inneren Leibes dek-kungsgleich auf die äußere Körperhaltung passen.

Nach innen lauschen

Eine Reise in unsere inneren Körpervorgänge läßt sich am besten mit der Atmung vollziehen. Wir nehmen sie sehr sinnlich wahr, können sie jeden Augenblick begleiten und fahren in ihrem Fluß bis in die geheimsten Stellen unseres Körpers.

Die Wahrnehmung der inneren Vorgänge läßt sich zwar nicht in medizinisch exakten Bildern wiedergeben, doch das Beobachten nach innen und die Vorstellung sich unter der Haut zu bewegen, verfeinert unsere Einbildungskraft und schafft damit ein sensibles Organ, welches uns letztlich ermöglicht, auch zur inneren Haltung zu finden.

Mit den Schultern beginnen

Wenn man sich nach einer Weile des Lauschens in den Rhythmus der Atmung begibt, gleitet man praktisch auf ihren Wellen dahin. Es sind zunächst die Schultern, die mit dem Auf und Ab der Atmung vor allem aber mit dem langen Ausatmen losgelassen werden.

Dieses In-den-Schultern-Loslassen ist der erste Schritt zur richtigen Haltung, wobei zu beachten ist, daß Loslassen nicht bedeutet, die Schultern einfach mit dem Ausatmen herunterzudrücken. Ebensowenig bedeutet es, sich kraftlos hängen zu lassen. Das Mittelmaß heißt, im Ich loszulassen und als Es zu verharren.

Der zweite Schritt hängt ganz unmittelbar mit dem Loslassen des Oberkörpers zusammen. Hat der Strom des Ausatmens zu Beginn die lockeren Schultern durchflossen, gelangt er über die Brust und den Bauch zu seinem Endpunkt, dem Becken.

An dieser Stelle des Körpers sammelt sich der Fluß des Atems wie in einer stillen Bucht, und der Vorgang des einfach Loslassens vollzieht sich ähnlich wie bei den Schultern. Auch das Becken wird lediglich aus seiner Verspannung entlassen.

Hat das befreiende Gefühl sowohl die Schultern als auch die Hüften erfaßt, soll es sich niederlassen und nachschwingen, bis es nach einer kurzen Pause und dem Einatmen zum erneuten Ausströmen des Atems kommt.

Es ist vor allem dieses Bewahren bis zum nächsten Ausatmen, das dem Übenden Schwierigkeiten bereiten wird, doch mit wachsender Erfahrung wird offenbar, daß das Loslassen des Oberkörpers und das Niederlassen im Becken sich wie zwei Halbbogen zueinander verhalten, die erst im Zusammenwirken einen vollkommenen Kreis der Entspannung bilden.

Niederlassen in der Körpermitte

Während das Loslassen der Schulter und das Ausbreiten in der Hüfte mehr mit einem Balancehalten verbunden ist, hat der nächste Schritt zur Erreichung der rechten Haltung etwas mit dem Kraftraum im Unterleib zu tun. Dieser Kraftraum ist ein zentraler Punkt, in dem sozusagen der untere und der obere Teil unseres Körpers miteinander verschweißt ist.

Das Niederlassen in der Körpermitte ist ungewohnter, und es bereitet manchem sogar Angst. Diese Ängste hängen mit der Verlagerung des Gleichgewichts zusammen, weil sie das in den Kopf-Sinnen wohnende Ich zwingen, sich neu zu orientieren.

Beobachtung der Körpermitte

Um den Mittelpunkt unseres Körpers zu finden, beobachten wir wiederum unseren Atem, der beim Ausbreiten im Becken auch jedesmal den Bauch etwas mitbewegt. Wenn wir die flache Hand auf den Unterleib legen, stellen wir fest, daß er sich beim Ausatmen ein wenig vorwölbt. In dieser Stellung muß nun das mittlere Maß gefunden werden (weder den Bauch aufgebläht, noch einfach nur vorsacken lassen), um dem Sitz der Körpermitte nahe zu kommen.

Anhalten in der Körpermitte

Beim Versuch, den Mittelpunkt des Körpers mit dem Atem und der aufgelegten Hand zu spüren, beginnen wir auch schon damit, einen Teil unserer inneren Kraft in den Unterbrauch zu lenken. Es wird einige Zeit dauern, bis wir die richtige Einstellung dazu finden. Das Gefühl, das sich langsam entfaltet und immer kräftiger wird, gibt uns bald den Eindruck und die Gewißheit, eine starke Körpermitte zu besitzen.

Verbleiben in der Körpermitte

Während wir diesen Kraftstrom zunächst nur während des Aus-atmens dort spüren und festhalten können, versuchen wir ihn später dauerhaft als den Platz unserer inneren Mitte zu spüren. Die Kraft unserer Körpermitte sowohl bewußt als auch unbewußt zu erleben, ist für den Verlauf der Übung von größter Wichtigkeit. Wir können sie mit all unseren Sinnen begreifen, wie sie sich, einem starken Ring gleich, um den Bauch, den Rücken, um den ganzen Rumpf legt. Wir können sie aber später einfach nur in uns wissen. Sie ist da, und hebt uns über die Mitte des Körpers zum Licht, ohne die Wurzeln des Bodens verlassen zu müssen.

Haltung in der Körpermitte

Im Zusammenspiel der drei Übungen zum Finden der Körpermitte kommt es am Ende zu dem, was wir anfangs die rechte Haltung nannten. Es ist eine Haltung, die Gelassenheit ausdrückt, ohne ausgelassen zu sein, die einen Kraftraum hat und kein begrenztes Spannungsfeld, die so natürlich wirkt und dennoch Konzentration verrät.

Stehen in der Körpermitte

Richtiges Stehen ist also mehr, als einfaches Dastehen, und deshalb sei noch einmal wiederholt, was es nicht ist.
Es hat wenig zu tun mit sportlicher Aufmerksamkeit vor einem Wettlauf, und es bedeutet auch nicht, aus einer gespannten Bewegung für einen Moment anzuhalten. Ebensowenig findet der Körper zur inneren Kraft, wenn er sich locker anlehnt, um auf einen Augenblick des Loslassens zu warten, oder wenn er sich nach dem Aufstehen zur Entspannung dehnt und streckt.

Ohne Anstrengung

Wer nach einer guten Gesamthaltung gesucht hat, und alles beachtet, was dafür getan werden muß, wird feststellen, daß für diese Übungen keine besonderen körperlichen Anstrengungen nötig sind. Dennoch wird es einige Zeit in Anspruch nehmen, bis das richtige Stehen in Leib und Seele übernommen worden ist, und schließlich aus sich selbst wirkt.

Haltung bewahren

Erst nachdem wir zur richtigen *Haltung* gefunden haben, können wir dazu übergehen, das richtige *Gehen* zu üben.
Vordergründig besteht es darin, die einmal gefundene Haltung in der Bewegung zu bewahren. Am Anfang wird dieses Gehen so aussehen, daß die lockere Haltung, das Gehenlassen in den Schultern, vor allem aber das Fühlen der Kraft in der Körpermitte bei der Bewegung nicht verlorengeht. Die Bewegung der Füße verlangt eine andere Koordination und der Atem, der zuvor die Haltung in uns ebnete, begleitet uns nun in einem neuen Rhythmus, der durch die Geschwindigkeit beim Gehen bestimmt wird.

Bewegung im völligen Gleichgewicht

Es gibt zwei Wege, die richtige Haltung mit dem richtigen Gehen zu verbinden. Der eine Weg besteht darin, sich langsam zu bewegen und dabei die vorher gewonnene Haltung auch in der Bewegung fortzusetzen.
Der andere Weg besteht darin, sich normal zu bewegen, und aus

dieser Bewegung heraus zu den Elementen zu finden, die eine gute Haltung beim Stehen ausmachen.

Bei jedem Vorgehen müssen wir uns darum bemühen, während der Bewegung nicht die Kraft der Körpermitte zu verlieren.

Erst aus dieser inneren Harmonie von Atmung, Haltung und Körpermitte bewegen wir uns im vollkommenen Gleichmaß.

Der innere Befehl

Bei jeder Stufe eines zen-buddhistischen Weges kommt es auf das Zusammenspiel der einzelnen Übungselemente und der inneren Einstellung dazu an. Auch wer Street-Zen beschreiten will, darf nicht vergessen, daß der Weg zur Selbstfindung nicht aus Zwängen besteht.

Wie man beim Suchen nach der rechten Haltung und des natürlichen Atmens nur der inneren Ausgewogenheit folgen muß, findet man auch bei der Beachtung des richtigen Gehens zu dem, was immer an Bewegung und Schwingung in uns vorhanden war.

Gehen gegen den Raum

Alles soll uns entgegenkommen

Aus den Anfangsschritten des Gehens, die zunächst nur eine sinnliche Hinwendung zu der Arbeit der Füße darstellen, kommen wir zu dem Teil der Übung, der die Sinne auf eine neue, paradoxe Weise einstimmt, dem Gehen gegen den Raum.

Erst durch den Umkehreffekt – nicht wir laufen in das Bild hinein, sondern es kommt uns entgegen – wird die Gleichmäßigkeit der Fußbewegung zu einem nur sinnlich ergreifbaren Prozeß, an dessen Ende die völlige Auflösung der realen Vorwärtsbewegung steht. Mit dieser neuen Sicht schließt sich ein anderer Kreis der Ich-Erfahrung, der nun durch ständige Übung und Vertiefung zur Kunst wird.

Beim Gehen im Street-Zen heißt das: wir laufen solange, bis nicht mehr das Ich läuft, sondern der Körper vom Es getragen wird.

Aus Gehen wird Stehen

Die Paradoxie von Sehweise und Fußempfindung beim Gehen gegen den Raum, vollzieht sich auf dem Prinzip der Umkehrung sinnlicher Wahrnehmungen.

Wir stellen uns vor, daß es unsere Füße sind, die mit jedem Schritt die Erde unter uns in Bewegung versetzen, und wir benutzen unsere Augen, jeden Schritt als einen sichtbaren Erfolg in diese Richtung zu interpretieren.

Wie auf einer großen Kugel stehen wir im perfekten Gleichgewicht, und treten den Boden unter uns weg. Nicht wir laufen in den Raum hinein, sondern er kommt uns entgegen.

Dieses Gehen verändert die gesamtkörperliche Wahrnehmung bald so, daß aus der sinnlichen Erfahrung, die Erde mit den Füßen zu bewegen, ein »Auf-der-Stelle-Treten« geworden ist.

Weil sich bei diesem Gehen, Subjekt und Objekt auf eine neue Art ineinanderschieben, wird das subjektive Erleben Teil des angenommenen Objektes und geht in seiner vollkommensten Form völlig darin auf.

Mit den Augen laufen

Das Gehen gegen den Raum ist eine Übung, die immer erst dann einsetzen kann, wenn die körperlichen und geistigen Voraussetzungen für das ›normale‹, natürliche Gehen gegeben sind.
Daß damit ein großes Gefühl der Erdverbundenheit und sinnliches Ergreifen des Weges oder der Straße gemeint sind, wurde schon gesagt.
Schritt für Schritt erfolgt eine Verlagerung des Kopf-Ichs zur kin-ästhetischen Sinnerfahrung durch die Füße und den ganzen Körper.
Wir laufen immer mehr mit Sinnen, die fühlen und dennoch sehen, die die Erde er-greifen und das Umgebende mit den Füßen be-greifen.
Wie beim Üben des schrittweisen Gehens wird aus den Einzelabschnitten des Tastens ein raumgreifendes Fühlen, und für die Arbeit der Füße ergibt sich dabei eine Steigerung, die mit dem Stehen beginnt und in das gleichmäßige Laufen übergeht.

In den Raum hineintasten

Zusammen mit der Körperempfindung, sich in eine sinnbetonte Bein- und Körperarbeit zu begeben, tasten sich unsere Augen langsam in das Gehen gegen den Raum hinein. Aus dem fühlbaren Gehen wird fühlbare Arbeit und schließlich das Gehen gegen den Raum. Während das Ich sich dieser Kunst widmet und mit dem Erleben füllt, daß allein unsere körperliche Arbeit die Erde bewegt, wird der Geist sinnentleert, d.h. dem Bewußtsein wird der bekannte Inhalt entzogen.

Mit dieser zwiespältigen, paradoxen Grundeinstellung laufen wir über Straßen und Wege, bis es unsere Füße sind, die mit ganzkörperlicher Arbeit und allen Sinnen die Erde bewegen, während der Kopf frei wird für das unbeschwerte Nichtdenken.

Das Es kommt ohne Aufforderung

Wenn bei der Sitz-Meditation das »Ich« wegmeditiert werden muß, um zum »Es« zurückzufinden, vollzieht sich dieser Vorgang beim Street-Zen ganz ähnlich.

Das »Ich« muß erst an einer anderen Stelle konzentriert und gebunden werden, damit das »Es« aus unserer Körpermitte auftauchen kann.

Der Körper geht schließlich wie von allein seinen Weg, um darin zu einer gleichmäßigen Bewegung zu gelangen, auf deren Schwingung er dann die meditative Kraft erreicht.

Überwindung des Ego

Das Empfinden, etwas zu tun, unseren Körper einem Arbeitsprozeß unterzuordnen, konzentriert die Ich-Erfahrung und verschiebt sie außerhalb unseres normalen Denkens.
Während unser körperliches Ego an der Harmonie und Vollendung des Gehens arbeitet, findet der Geist zu sich selbst.

Übungen des Alltags

Drei Kriterien für Street-Zen

Für die Übungen des Street-Zen ergibt sich sehr schnell die Frage, bei welcher Gelegenheit sie sinnvoll anzuwenden sind. Normalerweise gibt es über den Tag verteilt viele kleine oder größere Fußstrecken, die sich entweder regelmäßig oder zufällig ergeben.

Eine Fußstrecke sollte nicht zu kurz sein, sie sollte nicht unter Zeitdruck bewältigt werden müssen, und sie sollte möglichst allein gegangen werden können.

Wer sich zunächst an diese drei Kriterien hält, wird dann später noch feiner unterscheiden können, ob sich alle Spazierstrecken oder jeder längere Besorgungsgang für Street-Zen eignen.

Ein Grund gegen Street-Zen

Der Ungeübte wird gerade am Anfang versuchen, möglichst viele Gelegenheiten für Street-Zen auszunutzen. So gut gedacht dieser Vorsatz ist, so viele Fehler werden ihm dabei unterlaufen. Sich schnell auf die rechte Haltung zu besinnen, unter Zeitdruck eine Harmonie der Atmung zu finden, und mit ein paar Schritten die Erde als Kugel zu bearbeiten, gelingt auch einem besser Geübten nur in Ansätzen. Daß dann mit diesen Halbheiten weder eine

›Kunst des Gehens‹ erreicht wird, noch eine getragene Meditation entstehen kann, wird jedem einleuchten.

Das zielgerichtete Gehen ist deshalb bei den Übungen zu Street-Zen immer so zu verstehen, daß zu unterscheiden ist, ob man schnell von einem Ort zum anderen will, oder ob man genügend Zeit hat, eine Fußstrecke in Ruhe zu durchlaufen.

Nicht jedes Dasitzen ist Zazen und nicht jedes Hin- und Herlaufen wird zum Street-Zen.

Wer das beachtet, wird auch die richtigen Momente fürs Üben erkennen.

Einstimmen auf Street-Zen

Um den Körper und die Sinne zu einem wirklich vollendeten, kunstvollen Gehen zu bringen, ist es ratsam, die vorher geübten einzelnen Schritte immer wieder und in aller Ruhe als eine Folge aufbauender Elemente miteinander zu vereinigen.

Den Anfang macht dabei immer das innere Einstimmen auf Street-Zen, wozu die vorbereitenden Übungen der rechten Haltung und des natürlichen Atmens gehören. Mit diesen beiden Elementen werden sozusagen außerhalb der dynamischen Übung zwei Bereiche vereint, die Spannung und Ruhe ausstrahlen.

Street-Zen für Wanderer

Die Art des Gehens, ob langsam oder schneller, kann beim Street-Zen zwar von jedem selbst bestimmt werden, doch es ist ratsam, immer bei der Gangart bleiben, die gewöhnlich benutzt wird. Wer langsamer als sonst geht, liegt unterhalb des Rhythmus, den seine Sinne als ›normal‹ ansehen, und wer zu schnell geht, kommt bald in einen unkontrollierten Lauf, dessen Regelmäßigkeit stark von der vorhandenen Kraft abhängt.

Die vollkommene Übung:
Vom Gehen zum Meditieren

Dynamik der Stille

Der dynamische Teil von Street-Zen ist das vollendete, kunstgerechte Gehen, und es wird von einer Kraft getragen, die vor allem in der Ruhestellung des Körpers, als Zusammenspiel von richtiger Haltung und natürlichem Atmen, vorhanden ist.
Alle zen-buddhistischen Wege benötigen diesen ›stillen Zustand‹, die Kraft der Mitte, ohne die jede Betätigung nur eine gymnastische Übung wäre.

Kontinuität gegen den Raum

Auch wenn der Weg des Street-Zen am Anfang nur wie ein konzentriertes Gehen wirkt, es kommt sehr schnell und oft ganz überraschend der Punkt, da die gleichmäßige Bewegung die Sinne gegen den Raum laufen läßt, und das Gehen in den ›stillen Zustand‹ übergeht.

Beispiele für Sinnestäuschung

An dieser Stelle muß noch einmal betont werden, wie leicht unsere Sinne, vor allem die Augen, scheinbar paradoxe Bewegungen, die unser Körper in der Umwelt, oder die die Umgebung mit uns vollzieht, als einen völlig »richtigen Ablauf« aufnehmen. Wer zum Beispiel auf einem Transportband im Flughafenterminal steht, kann sich mit Hilfe der Augen ganz schnell den Eindruck verschaffen, daß nicht er getragen wird, sondern der Raum sich am Band vorbei bewegt.

Ein anderer Fall optischer Täuschung kann bei der Eisenbahnfahrt entstehen. Wenn man den Gang entgegen der Fahrtrichtung läuft, entsteht ebenfalls der paradoxe Eindruck, daß die Erde sich im rasenden Tempo unter unserer Laufrichtung fortbewegt. Obwohl wir genau wissen, daß der Zug uns vorwärts bringt, ist es für die Augen ein Leichtes, sich vorzustellen, daß durch unser Laufen im Gang diese Bewegung entsteht.

Ähnlich paradoxe Eindrücke vermitteln sich beim Treppensteigen. Auch hier kann über das Gleichmaß der Bewegung die Umkehrung der sinnlichen Wahrnehmung erfolgen. Wir laufen zwar nach oben, doch die Treppe rutscht mit jedem Schritt nach unten weg, so als würden wir bei einer abwärts führenden Rolltreppe auf der Stelle treten.

Den gleichen Effekt kann man beim Herunterlaufen einer Treppe erzielen.

Ein weiteres Beispiel für die Umkehr der Sinneseindrücke wäre die Flußüberfahrt mit einer Seilfähre. Wer sich dabei auf dem Schiff befindet, kann schnell den Eindruck bekommen, daß nicht das Schiff in Bewegung ist, sondern daß die Landschaft auf ihn zufährt. Selbst die Redewendung, daß »einem das Ufer entgegenkommt«, weist auf diese Umkehrbarkeit hin.

Ein weiteres Beispiel kennen wir aus dem Kino. Auf der Leinwand kommt uns etwas entgegen, fliegt die Landschaft vorbei, können

unsere Augen ganz lange Reisen unternehmen, während wir ganz still sitzen.

Das höchste Ziel der Meditation

Die vollendete Bewegung des Körpers während des Gehens und die ständige Sinnesumkehrung stellen eine geschlossene Handlung dar, einen komplexen Bereich, der als Arbeit des Körpers und der Sinne in sich ruht.

Das Gehen gerät dadurch zu einem beherrschten und harmonisch verlaufenden Gesamterlebnis, das zunächst nur aus dem Ich-Erlebnis schöpft, um es dann am Ende sicher und vollkommen zu überwinden.

Vereinigung von Meditation und Bewegung

Mit der Aufhebung der Dualität wird die Kunst des Gehens zutiefst meditativ, doch das Eintauchen in die meditative Phase während des Gehens kann nur erfolgen, weil sie durch den Sinnes- und Bewegungskomplex des Körpers unterstützt wird.

In einem Vorgang progressiver Verfeinerung üben wir uns in ständiger Aufmerksamkeit, und indem wir uns darin üben, verstehen wir den Gegenstand der Aufmerksamkeit immer besser. Damit vollzieht sich im Idealzustand ein Prozeß von der einfachen Konzentration zum höchsten Ziel der Meditation.

Wenn du eine Wahl hast, wähle!

Beim Street-Zen werden die beiden Grundgedanken des Zen, die Aufhebung des Ichs entweder durch Erschöpfung der Ich-Kraft oder durch Zurückziehen des Ichs miteinander vereinigt.

Die Konzentration auf das Ich erfolgt bei der ›Kunst des Gehens‹, indem gegenstandsbezogenes Handeln lange und erschöpfend geübt wird, bis jegliche Dualität verlorengeht, und die Arbeit wie von selbst geschieht.

Das sich verlierende Ich entsteht beim Street-Zen, wie bei anderen meditativen Übungen, auf der Grundlage der Versenkung.

Während alle Sinne auf die Kunst des Gehens mit der paradoxen Vorstellung gegen den Raum zu laufen, konzentriert sind, entsteht jene Leere des Denkens, die schließlich zum Prozeß der Verwandlung führt.

Ähnlichkeiten zum Zazen

Beide Vorgänge, die ›Kunst des Gehens‹ und das Verharren im ›Lotus-Sitz‹ sind eng mit einer bestimmten körperlichen Haltung verbunden, die sozusagen das Gewissen einer Übung darstellt.

Je mehr wir uns ihrem Mittelpunkt nähern, um so besser vertiefen wir uns in unserer Mitte. Bewegung und Ruhe sind Kinder des gleichen Zustandes; einer nach innen und außen gerichteten, natürlichen Haltung des Körpers.

In einem Maß, nach dem Ruhe ein Zustand feiner Schwingungen sein kann, ist auch die Bewegung in ihrer harmonischen und vollendeten Form nur die Hülle einer getragenen Ruhe.

Beschreibung des Zieles

Um die begriffliche Ebene der Meditation zu erfassen, also in Worten auszudrücken, können wir zunächst nur den Weg oder die einzelnen Etappen beschreiben. Dabei ist es unerheblich, ob wir gewöhnliche oder ungewöhnliche Bewußtseinszustände erfahren, denn die Ebene der Meditation ist eine ständig wiederholbare Lebensqualität.

Das Ziel der Meditation dagegen befindet sich immer jenseits der Grenzen begrifflicher Erfahrung; deshalb wäre alles, was wir nach der Meditation beschreiben können, nicht das, wonach wir gesucht haben.

Alle Namen, die wir für diesen höchsten Zustand kennen, sind abstrakte Gebilde im Vergleich zu dem Unbeschreibbaren.

Die Summe des Weges ist das Ziel, doch der Zeitpunkt des Zieles läßt sich weder rückschauend noch für die Zukunft vorhersagen. Das Ziel muß nicht erklärt werden, denn sowohl der erste als auch der letzte Schritt dorthin sind nichts weiter als Stufen auf einem Weg.

Die Nichtbeschreibung des Zieles

Die buddhistische Tradition sucht deshalb sehr oft Zuflucht in negativen Formulierungen und beschreibt besser das, was es nicht ist.

Im Street-Zen treffen alle diese ausschließenden Momente ebenfalls zu, und es gibt als gesicherte Begriffswelt nur jene Bereiche, die die Geschichte des Weges und der Übung darstellen.

Über die Gegensätze von Zazen und Street-Zen

Stille beim Zazen

Der meditative Teil jeder Zazen-Übung reift nur in unserem inneren Auge, und die beiden Hilfsmittel, in ruhiger Umgebung zu üben und durch körperliche Inaktivität die innere Stille zu unterstützen, bilden sozusagen die Grundvoraussetzungen für die Sitz-Meditation.

Äußere Ruhe ist also die Voraussetzung für die innere Stille beim Zazen.

Ruhe ringsum

Mit der Wahl eines geeigneten Raumes beginnt die Vorbereitung zum Zazen.

Gesucht wird zunächst das Gegenteil von der Umgebung, aus der man gerade kommt. Alles Laute und Unruhige würde die Einstimmung auf die zen-buddhistische Übung und später den Fluß der Meditation stören. Jedes Detail der Umgebung ist deshalb darauf ausgelegt, ein Höchstmaß an äußerer Hilfe zu sein, bis es mit dem inneren Anliegen übereinstimmt.

Doch genau wie Bewegungslosigkeit des Körpers nicht fleischliches Erstarren ist, bedeutet auch umgebende Ruhe nur etwas Relatives.

Die Stille einer Meditationshalle oder des Raumes, in den der Übende sich zurückgezogen hat, wird nie vollkommen sein. Es gibt immer Geräusche, die zur Umgebung gehören, die ohne Unruhe auszulösen einfach da sind. Sie werden vom Meditierenden nicht nur akzeptiert, sondern sie fördern sehr oft sogar auf unbewußte Weise die Aufmerksamkeit bei der Meditation.

Bewegungslosigkeit

Das andere Hilfsmittel in der Vorbereitung zur Zazen-Meditation ist der Lotussitz und die Bewegungslosigkeit. Der Körper soll für die Dauer des Sitzens götzengleich werden, ohne seine Lebendigkeit zu verlieren. Nur das harmonische Auf und Ab im Bauch und in der Brust, das durch die Atmung hervorgerufen wird, gehört dabei zu einer gewünschten Entäußerung des Körpers.
Alle anderen Bewegungen des Körpers stellen dagegen etwas Ablenkendes dar. Selbst das Zucken eines Fingers kann den Fluß der Selbstwesensschau stören.
Die Bewegungslosigkeit des Körpers und die Stille der Umgebung sollen wie zwei Säulen der Kraft den inneren Weg stärken.
Dieser »stille Weg in Ruhe« steht für die meisten Buddhisten an erster Stelle, und alle anderen Übungen dienen entweder als Vorbereitung zur Meditation, sind als Abschluß gedacht oder sollen helfen, den Geist des Buddha in die Handlungen des Alltags hinein zu tragen.

Beim Street-Zen, der vor allem ein Weg des Alltags ist, fallen deshalb die Voraussetzungen des Zazen nicht nur weg, sie werden durch den Lärm der Straßen und ständige körperliche Bewegung geradezu gegenteilig ersetzt.

Street-Zen unterscheidet sich in seinem Instrumentarium ganz stark von einer »stillen Meditation«, doch hat es für den Suchenden immer Möglichkeiten gegeben, andere Meditations- und zen-buddhistische Übungswege außerhalb von Zazen zu finden. Darunter sind auch viele, die auf der Grundlage körperlicher Bewegung praktiziert werden.

Umgebende Ruhe ist allerdings für die meisten buddhistischen Übungswege eine unverrückbare Basis und nur bei einigen japanischen Kampfmethoden spielt sie eine untergeordnete Rolle.

Zen auf der Straße gehört deshalb zu den wenigen Übungswegen, die bewußt den Lärm und die Unruhe der Umgebung suchen.

Gegen die Unruhe

Beim Street-Zen bewegen sich Körper und Geist des Schülers, gemessen an Zazen, in umgekehrter Weise auf das Ziel der Meditation zu.

Aus der Anfangsruhe des Körpers wird körperliche Bewegung, die für die Dauer der Übung anhält. Der Atem paßt sich dem Rhythmus an, und führt zu einem gleichbleibenden Haltungsfluß, mit der die Gestalt in eine andere Art des Stillstandes gerät.

Die äußere Unruhe wird beim Street-Zen in einer ähnlich aufbauenden Wahrnehmung verarbeitet. Der umgebende Lärm

wird solange bewußt wahrgenommen, bis wir wie abgeschottet in einem inneren Zentrum der Ruhe laufen.

Nuel Rho San sagte dazu:

»Äußere Ruhe steigert die Meditation der Ruhe, aber Unruhe in der Umgebung verhindert sie auch nicht.

Körperlicher Stillstand kann auf seine Art die Meditation unterstützen, aber Bewegung kann auf eine andere Art behilflich sein.«

Street-Zen steht zur Wahl

Für einen Zen-Buddhisten, der das Meditieren im Sitzen und unter gut abgeschirmten Bedingungen bevorzugt, bedeutet Meditation in der Bewegung und in einer frei gewählten Umgebung nicht nur eine völlige Umkehr von seinen bisherigen Übungsgewohnheiten, sondern stellt auch eine innere Herausforderung dar. Die Momente für Zen sind nicht mehr auf eine bestimmte Zeit und einen besonderen Raum beschränkt, sie stehen plötzlich bei vielen Gelegenheiten vor ihm.

»Wenn du eine Wahl hast, wähle.« Dieses alte Meisterwort könnte auch diesem Suchenden helfen, und als letzte Aufforderung wollen wir den oft zitierten Satz des Meister Dogen aus dem 13. Jahrhundert wiederholen: »Man muß Zen üben, um Zen zu üben.«

Zusammenfassung

›Gehen als Kunst‹ ist eine zen-buddhistische Übung, die genau wie andere Bewegungspraktiken ihre eigene meditative Form ausgebildet hat.

Das bedeutet für die handelnden Elemente, körperlich (muskulär) zu gehen und gedanklich (sinnlich) zu stehen. Es bedeutet darüber hinaus, genau wie bei anderen zen-buddhistischen Praktiken, auf der Grundlage einer Ich-Vollkommenheit zu einer Ich-Auflösung zu kommen.

Die beiden Übungsteile des Street-Zen können nach ihrer Grundhaltung als *geistig-praktischer* oder künstlerischer Weg, und als *geistig-meditativer* oder religiöser Weg bezeichnet werden.

Beide Wege sind eng miteinander verbunden, das heißt, sie ergänzen einander, ohne ihre Eigenständigkeit innerhalb der Gesamtübung zu verlieren.

Wie bei der Teezeremonie (chado), dem Blumenstecken (kado) oder dem Bogenschießen (kyudo) strebt auch die Kunst des Gehens auf den Punkt des Erlebens zu, an dem alle Sinne des Menschen zwar teilhaben, der dualistische Intellekt aber zum Schweigen gebracht wurde.

Aus diesem Grund steht die künstlerische Übung, die im Street-Zen die ›Kunst des Gehens‹ ist, im Vordergrund. Sie ist, wie alle anderen durch Bewegung betonten Übungen, ein eigenständiger zen-buddhistischer Weg, dessen Sinn darin besteht, Körper und

Geist aus seinem dualistischen Bewußtseinszustand, dem Subjekt-Objekt Denken, zu befreien.

Die ›Kunst des Gehens‹ in ihrem geistig-praktischen Übungsverlauf besteht aus verschiedenen Einzelelementen, die erst als Summe ihre Wirkung entfalten.

Während wir sonst bei unseren täglichen Verrichtungen von einer Sache zur anderen springen, verlangt die Hinwendung zu einer zen-buddhistischen Übung, das Durcheinander geistiger und körperlicher Tätigkeiten einzustellen und die Aufmerksamkeit auf eine einzige Angelegenheit zu konzentrieren.

Konzentration und Aufmerksamkeit sind die beiden Schienen, auf denen sich jeder Übende von Anfang an bewegen muß. Die innere Bereitschaft dazu bedeutet auch, sich darauf zu freuen, Körper und Geist aus den üblichen Bahnen des Alltags zu werfen.

Aufmerksamkeit im Street-Zen und in der Kunst des Gehens heißt, sich zunächst gedanklich auf das vorzubereiten, was wir für die nächste Zeit, seien es nur wenige Minuten oder ein längerer Zeitraum, mit Geist und Körper vorhaben.

Mit der gleichen Aufmerksamkeit ergreift der Übende die Augenblicke der gesammelten Ruhe und Konzentration, und geht dann mit Kraft, aber ohne Anspannung, mit festem Willen, aber ohne Befehl, in den weiteren Verlauf der Übung.

Die Konzentration und die Bereitschaft zur Übung benötigen noch ein weiteres Element zur Vorbereitung auf das Gehen. Damit ist die rechte Haltung gemeint, die vergleichbar ist mit der richtigen Haltung bei der Sitzmeditation.

Im Gegensatz zur Sitzmeditation, die aus der richtigen Haltung die körperliche Endstellung ableitet, kennzeichnet sie beim Street-Zen nur den eigentlichen Beginn der Übung.

Betrachten wir das normale Gehen als einen Vorgang dynamisch-sinnlicher Bewegungsfolgen, die sich durch das Erleben in der Umgebung auf verschiedene Weise steigern können, so besteht bei der ›Kunst des Gehens‹ ein ganz ähnlicher Komplex. Der Unterschied besteht nur darin, daß bei der ›Kunst des Gehens‹ von Anfang an Bewegungsabläufe und sinnliche Wahrnehmung einem Ziel untergeordnet sind.

Ganz ähnlich verhält es sich bei anderen Bewegungsübungen, wie zum Beispiel beim Tanz der Sufis, oder bei rituellen Bewegungsabläufen, wie dem Tai-chi. Hier ist ebenfalls die Dynamik des Körpers auf einen vorher festgelegten Ablauf eingestellt, aus dem dann Vollendung und die ›Kunst in der Bewegung‹ wird.

Aus dem Zusammenspiel von richtiger Bewegung und bestimmten Wahrnehmungen kommt der Übende zu einer vollkommenen Beherrschung des Körpers und der Sinne. Auf dieser Grundlage gelangt schließlich der Geist in jene meditative Phase, die sich im Street-Zen auf den Schultern eines künstlerischen Zen-Weges aufbaut und zur religiösen Vollendung führt.

Alle zen-buddhistischen Übungen, die physische Aktivität in ihren Mittelpunkt stellen, haben trotz scheinbarer Gegensätzlichkeiten ihren Ursprung in der Meditation. Diesen Ursprung haben sie nie zu überwinden versucht.

In ihrer Grundaussage und in ihrer Zielsetzung sind sie darin fest verwurzelt, und in der Praxis kommen sie am Ende ihres Weges auch wieder zurück in das rein Meditative.

Führt man den Gedanken fort, kann für den Buddhisten jede Handlung des Alltags den Funken der Meditation in sich tragen und am Ende wieder zu dem werden, woraus sie entstanden ist. Für die Bewohner eines Zen-Klosters besteht daher der gesamte

Tagesverlauf aus Arbeiten, die vom Geist des Zen durchzogen sind.

In diesen Tätigkeiten wird die Ebene der Meditation praktisch nie verlassen, und wenn ein Mönch sich nach vollbrachter Arbeit zum Lotussitz niederläßt, steht nur der Körper still, während der Geist einfach weitermacht, was er nie beendet hat.

Für Handlungen, die längst ihre eigenen Übungsverläufe besitzen und dadurch ungleich stärker vom Geist des Zen durchdrungen sind, ist die Übertragbarkeit des meditativen Momentes noch deutlicher. Für sie haben sich im Laufe der Zeit Zeremonien ausgebildet, die im starken Maße den Ritualen der Meditation gleichen. Sie stehen deshalb der Meditation nicht nur sehr nahe, sondern stellen sehr oft eine Erweiterung dar. Dazu gehören die ausgesprochen künstlerischen Übungen des fernen Ostens genauso, wie die verschiedenen japanischen Kampfmethoden.

So sind die Kalligraphie, die Teezeremonie oder die Malerei nicht nur ein gutes Beispiel dafür, wie die Praxis der Meditation sehr effektiv mit anderen körperlichen Aktivitäten kombiniert werden kann; der Übende befindet sich auch in einem Schaffensprozeß, der in gewisser Weise an sich selbst überprüfbar ist.

Die Vollkommenheit einer Übung ist allerdings immer erst dann erreicht, wenn das Schaffende die Ebene des Ich-Erfolges verlassen hat, und mit dem Es in den Punkt der Vollendung strebt.

»Zen hat viele Möglichkeiten. Es könnte sich mit einem Buchstaben zufriedengeben, aber es könnte auch im restlichen Alphabet stecken. Was ich heute erzählt habe, wird morgen vielleicht ganz anders klingen.« (*Nuel Rho San*)

Kurzfassung der praktischen Street-Zen-Übungen

1. Den Tagesablauf überprüfen, wann geeignete Laufstrecken möglich sind.
(Ein längerer Weg zur Arbeit, zu einem Verkehrsmittel oder täglich wiederkehrende Besorgungen sind sehr gut geeignet. Sie stellen durch ihre ständige Anwendung eine gleichbleibende Übungspraxis sicher. Bei der Überlegung, welche Fußstrecke sich für Street-Zen eignet, können wir auch bewußt längere Wege suchen. Der Umweg wird sozusagen der bessere Weg.)

2. Sich auf jedes Laufen im Street-Zen genauso einstellen, als würden wir zu einer anderen zen-buddhistischen Übung gehen.

3. Zu der innerlichen Einstellung kommt das körperliche ›Einschalten‹.
Der Tastsinn der Füße wird ›überprüft‹, das bewußte Gehen mit dem ›Aufsetzen‹ und ›Abrollen‹ einigemale geübt, um damit unseren Körper von den Füßen her spürbar zu machen.

4. Bevor wir im Sinne von Street-Zen loslaufen, bleiben wir einen Augenblick stehen, um nach der rechten Haltung zu suchen.
Alles konzentriert sich auf den Mittelpunkt des Körpers. Wir atmen in unserem Rhythmus und versammeln die Kraft, um dann im rechten Moment loszulaufen.

5. Von den ersten Schritten an legen wir unsere Sinne auf das Arbeiten der Füße. Wir ertasten und beschreiten die Straße (den Weg, die Wiese, den Sand usw.) besitzergreifend. Dabei suchen

wir nach dem Rhythmus, der genau auf unsere Atmung, auf unseren Körper, auf unsere Sinnesorgane paßt. Der Einklang zwischen Atmung und Bewegung ist das Wichtigste, nur so verlieren wir nicht die angenommene rechte Haltung.

6. Wenn wir nach einigen Übungen das Gefühl für die Harmonie der Bewegung und für die Arbeit der Füße bekommen haben, können wir damit beginnen, so zu laufen, daß die Sinne zu der gewünschten paradoxen Wahrnehmung kommen, die das Wesentliche von Street-Zen ausmacht. Wir beginnen wie immer die Übung, laufen weiterhin kraftvoll, versuchen uns aber dabei vorzustellen, daß wir mit der eigenen Beinarbeit die Erde unter den Füßen wegschieben.
Die Augen unterstützen dabei diesen Eindruck. Sie haften sowohl fest auf dem beschrittenen Untergrund als auch auf dem heranziehenden Bild der Umgebung.
Es dauert nur kurze Zeit, bis wir unsere gesamten Sinne zu der paradoxen Wahrnehmung bringen, daß es unsere Füße sind, die den Boden so bearbeiten, daß uns alles entgegenkommt.

7. Wenn wir den umgekehrten Sinneseindruck einmal erfaßt haben, fällt es ganz leicht, in diesem Bewußtsein weiterzulaufen. In dem weiteren Übungsverlauf geht es darum, sich dieser Sinnestäuschung völlig hinzugeben, sie vollkommen zu beherrschen, und den Gleichklang zwischen Körperarbeit/Atmung/Haltung und den Sinneseindrücken zu erhalten.

8. Street-Zen ist vor allem die Kunst des Gehens. Erst auf dieser Grundlage und mit ihrer vollkommenen Beherrschung gelingt es

uns, während des Laufens und in normaler körperlicher Bewegung in eine meditative Phase zu gelangen.

Wer sich dieser Reihenfolge bewußt ist, wird auch nicht versuchen, schon nach einigen Street-Zen-Übungen einen meditativen Zustand während des Gehens zu erzwingen. Genau wie die rechte Haltung, das richtige Atmen und das richtige Gehen müssen sich alle anderen Elemente der zen-buddhistischen Übung wie von selbst einstellen.

Nachwort

Nuel Rho San hat sich, im Gegensatz zu den meisten Zen-Meistern, niemals mit einer möglichst totalen Verpflanzung überlieferter Zen-Praktiken in der westlichen Welt anfreunden können. Er begab sich seit seinem ersten Besuch in Amerika in den Widerspruch der Welten, und nahm die Herausforderung an.
»Ich bewegte mich wie alle anderen durch die großen und kleinen Städte, und spürte dabei immer mehr, daß der westliche Mensch nur innerhalb seiner Welt zur Erleuchtung fähig sein wird.
Die Lösung fand ich dann außerhalb der Häuser, und seit diesem Zeitpunkt liegt mein Zendo an jeder Straßenecke.« (*Nuel Rho San*)

Meister Nuel Rho San lebt in der Nähe von Seattle und hat im Laufe der Jahre in seinem Meditationszentrum eine Reihe von Schülern ausgebildet, die nun ihrerseits in verschiedenen Teilen der Welt die Lehren und Übungen des Meisters weitergeben.
In Deutschland gab es im Jahr 1993 das erste Street-Zen-Seminar. Es stand unter der persönlichen Leitung des Meisters und bildete nach den Veranstaltungen in Holland, Dänemark und Frankreich den Abschluß seiner Europalehrgänge.
Nach unseren Anfangserfahrungen in Seattle war die Teilnahme an diesem Seminar in Berlin der endgültige Aufbruch zu einem Leben mit Street-Zen.

Nuel Rho San: Aussprüche und Belehrungen bei Seminaren

(Die Niederschriften erfolgen in freier Übertragung
und sind von Nuel Rho San ausdrücklich so erwünscht)

Fragen zu Zen

Was ist Zen?
Diese Frage in der Einleitung eines Zen-Seminars könnte auch am Schluß der Übung gestellt werden. Die Antworten würden für niemand von euch gleich ausfallen. Selbst eineiige Zwillinge hätten Schwierigkeiten, eine gleichermaßen befriedigende Formulierung zu finden.

Vielleicht holen wir uns die Antwort bei denen, die über Zen schon genügend gehört haben, und die zu jedem Seminar kommen, um trotzdem noch etwas Neues darüber zu erfahren. Diese Neugierigen begrüße ich besonders, denn Zen ist tatsächlich immer etwas Neues.

Übrigens, jeder Atemzug ist etwas Neues, und der Schlaf, aus dem ich jeden Morgen aufwache, ist ebenfalls nicht der von der vergangenen Nacht.

Über Eintagsfliegen

In einem Buch habe ich gelesen, daß in der Vergangenheit schon viel über Zen gesprochen worden ist. Das ist wahrscheinlich richtig, aber unwichtig für mich und für Euch.

Wir können heute auch nicht über das Zen der Zukunft reden. Zen ist für uns in diesem Moment so lebendig wie eine Eintagsfliege. Es gibt sie in Myriaden, und morgen treffen wir auf eine andere Zen-Eintagsfliege.

Zur Überlieferung

Was ist das überlieferte Zen?

Rein äußerlich betrachtet, scheint Zen eine Art praktizierendes Mysterium zu sein. Der sitzende Meister oder Schüler in der Meditation versunken, Stille ringsum und am Ende eine Erfahrung, die sich dem Außenstehenden nicht mitteilt.

Sind wir einem ›Geheimnis‹ auf der Spur, das sich nur dem Eingeweihten erschließt?

Wer längst auf dem Weg des Zen ist, kann über solche Spekulationen erhaben sein.

Jedem anderen Betrachter wird allerdings die Lehre des Zen solange ein Geheimnis bleiben, bis er den Mut aufbringt, nur einen Schritt näher zu kommen. Einen Schritt näher heißt nichts weiter, als sich mit Zen zu beschäftigen.

Wer das mit Hilfe von Lehrbüchern versucht, darf an diesem Punkt nicht den Fehler begehen, nur mit scharfem Verstand die richtigen Bücher zu lesen, und daraus gewisse praktische Regeln abzuleiten.

Zen ist zwar eine oft beschriebene Geistesdisziplin, die in die Praxis des täglichen Lebens eingreift, aber sie läßt sich nicht auf die herkömmliche westliche Art konsumieren.

Wo die Logik versagt, hilft vielleicht das Gegenteil, könnte ein Suchender nun meinen, und ohne es zu wissen, ist er damit Zen einen wirklichen Schritt näher gekommen.

Das Mysterium Zen hat sich bisher für jeden selbst entschleiert. Es ist von Anfang bis Ende nichts weiter als Übung und Erfahrung, die mehr mit dem Herzen, als mit dem Kopf gesucht werden muß. Nicht der Stärkung des Ichs, sondern der Unterordnung in einen kosmischen Kreislauf dienen diese Übungen, für die es keiner komplizierten Erläuterungen und keiner ›Zen-Bibel‹ bedarf.

Zen ist deshalb keine neue Religion, sondern ›nur‹ ein Weg zur Wahrheit.

Orte für Zen (Zazen)

War die Welt vor hundert oder fünfhundert Jahren ruhiger? War damals das Kloster nur ein Ort der ganz besonderen Stille?

Wenn es so war, mußten früher auch die normalen Orte für Zazen oder andere Meditationsübungen nicht gesucht werden, sie waren praktisch überall. Die Ich-Überwindung als Grundelement zen-buddhistischer Übungen benötigte kein Entfliehen aus der Umwelt, keinen Pfropfen ins Ohr und keine Binde vor den Augen.

Man lief durch das Land wie in einem stillen Garten, und an der Grenze schloß sich ein weiterer an. Das Rufen der heiligen Laute, die Gemeinschaft anderer Meditierender und die lenkende Anwesenheit des Meisters mußten nicht durch dicke Wände geschützt werden.

Nur wer jegliche Fremdgeräusche unerträglich fand, begab sich hinter eine wirkliche Mauer.

Heute benötigen wir ein Netzwerk von Vorbereitungen für die meisten Übungen des Zen und wer nach einem Ort für Zazen sucht, muß sich zurückziehen in unberührte Natur und in künstliche Zonen.

Zen auf der Reklamewand

Street-Zen beschreitet Wege, die wir alle kennen. Selbst die lauteste Straße ist mit Zen gepflastert, und Buddhas Geheimnis steckt hinter jeder Reklamewand. Wer die Ohren weit genug öffnet, hört auch die stummen Hinweise, und wer mit den Augen etwas verfehlt hat, wird Zen mit anderen Sinnen erkennen.

Über das Gehen

Wenn wir den Boden unter uns einmal richtig ergriffen haben, können wir leichtfüßig das Umgebende vorbei ziehen lassen, um eins zu werden mit einem Erdraum, den wir beim Laufen nicht mehr hinter uns lassen, sondern der uns schrittweise entgegenkommt.

Ernte

Jede Straße wird für uns ein weiter Acker, jeder Schritt macht die Füße zu Pflugscharen.

Mit den Sinnen säen wir bis zum Überfluß, aus der Leere wird fruchtbares Nichts, und am Ende ernten wir mit dem ganzen Leib.

Schwarze Löcher

Ein Schwarzes Loch im Kosmos ist wohl etwas, von dem jeder annimmt, daß es konzentrierte Kraft besitzt, aber in weiter Ferne liegt. Manche Schüler würden bei der Suche nach Selbstfindung gern in ein Schwarzes Loch fallen, wenn nur der weite Weg dahin nicht wäre.

Zen gehört in den Mülleimer

Es gibt Tage, da werfe ich mein Zen am Abend in einen Mülleimer. Doch wenn ich am nächsten Morgen beim Frühstück sitze, liegt Zen wieder vor mir auf dem Tisch.
Ist es nun dasselbe Zen, oder gleicht es nur dem vom Vortag?
Besonders Schlaue meinen, ich wäre im Schlaf, und ohne es vielleicht zu merken, zum Mülleimer zurückgegangen und hätte mein Zen wieder herausgeholt.
Sie sind einer guten Lösung dieses Rätsels auf der Spur.

Zen-Sätze

Für die unentwegten Schüler gibt es einige Denkspiele, die sie dann benutzen können, wenn sie aus zeitlichen oder anderen Gründen nicht dazu kommen, sich in Street-Zen zu üben. Eines davon besteht aus sogenannten Merk-Worten, die untereinander verknüpft werden müssen, um zu einer richtigen Aussage zu kommen.

Zen heißt:

konzentrieren und
stehen bleiben und
weitergehen und
ankommen und
sich vergessen und
nichts sein und
konzentrieren…

Widerspruch

Scheinbare Widersprüche von Zen-Aussagen zeigen vor allem
eines: Zen kann sich in seiner inneren und äußeren Form beliebig
verwandeln und behält am Ende doch seine eigene Gestalt.

Ein Luftschloß

Jeder Glaube an ein unaufhörlich wachsendes Erfolgserlebnis beim
Meditieren ist Bild für Bild ein Luftschloß.
Wer mit Leistungsdenken ein schönes und sichtbares Gebäude
bauen will, wird Buddhas Haus am Ende leer finden.

Der laute und stinkende Klostergarten

Es waren die alten Meister, die behaupteten, daß der Weg zur
Erleuchtung nichts Statisches ist und sich im ständigen Wind der
Erweiterung und Verfeinerung befindet.
Nehmen wir deshalb alles, was um uns ist, als eine laute, stinkende

und von Gift zerfressene Erde an. Es gibt nichts Schöneres, als in diesem Klostergarten in das Auge des großen Lehrers zu wandern.

Die drei Grundfehler des Menschen

Aus den drei Grundfehlern des Menschen – Ignoranz, Gier und Haß – ließe sich auch die Sehnsucht nach der hohen Mauer des Klosters ableiten.
Wir gehen endlose Wege, um den Grundfehlern des Menschen zu entrinnen, und sitzen dabei mittendrin.
Wir könnten an den Toren dieser Klöster umkehren, und würden dennoch gewinnen.

Meditation und Aktion

Meditation und Aktion gehören zusammen.
Erleben wir sie in der Ebene des Bildbewußtseins!
Ein großer westlicher Meister empfahl dafür den innerlichen Gang auf die grüne Wiese.
Zertrampeln wir die Straßen und sähen das Gras!
Meditation soll zur Gewohnheit werden wie Essen und Trinken.
Fügen wir Laufen und Stehen hinzu!

Die vier Edlen Wahrheiten

Wer die vier Edlen Wahrheiten kennt, weiß, daß es Stufen und Wege gibt.
Wer den ersten Schritt in diese Richtung wagt, will immer weiter laufen und den Körper in neue Bahnen tragen.

Lassen wir den Beinen ihren guten Anteil daran.

Mit kräftigen Schritten bringen wir die aufgeblasene Welt unseres Ichs in Bewegung.

Der Kreislauf des Daseins, die endlose Wiederholung, vollzieht sich nirgends besser, als im Staub und Schmutz der Straße.

Street-Zen hebt dabei die Dualität des Körpers, sich in seinem Raum-Zeit-Gefüge zu befinden, durch Arbeit und Stillstand auf.

Es ist das erhabene Werk, in einem Teil unseres Körpers Kunst und Künstler zu sein, und in dem anderen Teil leer zu werden, bis nichts mehr ist.

Wahrheit

Persönliche Wahrheit erschließt sich jedem, der einen einmal gewählten Weg bis zum Ende geht.

Zen fängt ebenfalls sehr persönlich an, doch am Ende steht eine Wahrheit, die für alle gleich ist.

Buddhanatur

Wer gewissermaßen gläubig den Standpunkt vertritt, daß die Buddhanatur in jedem steckt, und sich deshalb auch die Gestalt des wahren Seins von selbst erschließt, vergißt, daß diese Wahrheit erst selbst erfahren werden muß.

Und Erfahrung in diesem Sinne heißt, einen Weg des Zen zu beschreiten.

Über das Schweigen

Wenn Aussagen von Meistern auf dem Weg zum Schüler erst den Umweg über ein anderes Ohr und einen anderen Mund machen müssen, kann am Ende ein entscheidender Gedanke fehlen. Deshalb ist es manchmal besser, nur das Schweigen der Übung weiterzugeben.

Die Macht des Alltags

Das Hauptproblem aller Meditations- und Entspannungsübungen liegt meist darin, daß ein Schüler die täglichen, vor allem aber regelmäßigen Zeiträume dafür finden muß.

Wer es kann, stellt seinen Alltag um, verschiebt Termine, und hofft, daß für längere Zeit nichts dazwischen kommt.

Von diesem Idealfall sind viele weit entfernt, und ihre Praxis sieht oft ganz anders aus. Sie begreifen wohl die Forderung nach alltäglicher Meditation, nehmen sich zum Beispiel auch fest vor, jeden Tag mindestens eine Viertelstunde früher aufzustehen, und können im Grunde doch nichts dafür, wenn ihr fester Wille an den Widrigkeiten des Alltags langsam zerbröckelt.

Der Geist ist ohne Tadel, aber der Alltag ist meist zu stark. Es dauert nicht lange, bis die fest vorgenommene tägliche Viertelstunde zu einer sporadischen Fünf-Minuten-Sitzung geworden ist, und dann ist es nicht mehr weit entfernt bis zu dem Tag, da die Erinnerung an diese Viertelstunde die einzige Regelmäßigkeit darstellt.

Die Fülle des Alltags

Street-Zen gehört wie alle anderen Meditationsübungen zur Wahl der Mittel, und es wird auf manchen Übungswilligen treffen, der sich vorher an anderen Meditationsformen aufgerieben hat.

Wenn das Problem des Scheiterns darin lag, daß die ›tägliche Viertelstunde‹ nicht eingehalten wurde, kann Street-Zen die Übung sein, die sozusagen maßgeschneidert in die Ritzen des Alltags einsickert.

Beim Street-Zen kommt es nicht unbedingt auf den Zeitfaktor an, hier sind die Hürden anderer Natur. Street-Zen verzichtet zwar auf den regelmäßig klingelnden Wecker, der uns zur Meditation ruft, aber es verzichtet nicht auf jede sich bietende Gelegenheit, im Laufen zu meditieren.

Es kann sein, daß die tägliche Viertelstunde abgeschirmter Meditation mehr Selbstüberwindung kostet und deshalb Geist und Körper in einer geraden Linie zur Erleuchtung bringt; es kann aber ebensogut sein, daß die Übungen des Street-Zen, die zu allen Zeiten des Tages und an allen Orten unserer Umwelt erfolgen können, unseren Geist auf eine andere Weise beeinflussen, die genauso sicher zur Erleuchtung führt.

Der Motor zur Übung

So wichtig es für alle Meditationen ist, regelmäßig, fortwährend und diszipliniert zu üben, so wichtig ist es auch, auf irgendeine Weise den endgültigen Einstieg in diese, das Leben verändernde Geistes- und Körperhaltung zu bekommen. Erst wenn der Wunsch und der Wille dauerhaft zusammentreffen, wird etwas in uns freigesetzt, das sich zu einem Motor ausbildet, der irgendwann wie von selbst für jene Regelmäßigkeit und Ausdauer sorgt, die für Meditation unverzichtbar sind.

Zwei Wege der Meditation und zwei Wege des Zen

Wie das Yin und Yang die beiden Seiten des Kosmos ausdrücken, kann Meditation in zwei Richtungen erfolgen. Sie bewegt sich entweder von innen nach außen oder von außen nach innen.

Die Beispiele dafür sind vielfältig. Nehmen wir als erstes den Weg von innen nach außen. Hier setzt sich der Inhalt eines Gedankens, eines Wortes, einer Silbe in den Mittelpunkt und es kommt auf diese Weise zur körperlichen Gelöstheit.

Das Mantra ist dafür die bekannteste Form. Die Wirkungsweisen sind mehrschichtig und reichen von einfacher Konzentration bis zu totaler innerer Gelöstheit. Es kommt gewissermaßen darauf an, wie man es behandelt.

Mancher wird ein Mantra laut aussprechen oder singen. Ein anderer wird es leise vor sich hinsagen und noch ein anderer wird es nur denken.

Wer sein Mantra laut erklingen läßt, will vor allem den Klang und den Rhythmus auf sich wirken lassen. Geist und Körper schwingen sozusagen in diesem Rhythmus mit. Dabei ist es völlig unerheblich, welche inhaltliche Aussage das Mantra hat. Genau wie uns ein Lied in einer fremden Sprache allein durch seinen Klang ergreifen kann, vermag die innewohnende Melodie des Mantra den laut Sprechenden oder Singenden erfassen.

Wer ein Mantra vor allem nach seiner inhaltlichen Bedeutung benutzt, will unbedingt den intellektuellen Sinn erfassen. Der

Inhalt eines Mantra kann dabei von der Aussage zum Nichts bis zur Lobpreisung Gottes reichen.

Eine allerletzte Bedeutung nimmt das Mantra aus seiner spirituellen Herkunft und Praxis. Mit dem Benutzen eines Mantra begeben wir uns sozusagen in die Weite des Kosmos und erfassen mit einem Wort oder einen Satz die Unendlichkeit alles Bestehenden.

Mit diesen Abstufungen bei der Benutzung eines Mantra gehen auch die Anwendungsbereiche einher. Die reicht von der einfachen oder einmaligen Konzentrationsübung bis zum ständigen Gebrauch, der schließlich Denken und Leben verändern kann.

Der Lama Anagarika Govinda hat in seiner Schrift »Grundlagen tibetischer Mystik« zum Mantra folgendes gesagt: »Der Ton eines Mantra ist kein physikalischer Ton, sondern ein spiritueller. Das Ohr kann (diesen spirituellen Ton) nicht hören, wohl aber das Herz. Der Mund kann ihn nicht hervorbringen, wohl aber der Geist.«

So besteht die Meditation, die von einem Inhalt ausgeht, um zur körperlichen Entspannung zu kommen, aus einer inneren Haltung, die viel mit Reife und besonderer Erfahrungen zu tun hat. Sie erfordert immer mehr als das Wissen um ein Wort oder einen ›heiligen‹ Satz, und es ist völlig unerheblich, ob es als geheim gilt oder als absolut persönlich deklariert wurde.

Der andere Weg, über bestimmte Körperübungen zum Inhalt zu kommen, wird vor allem beim Zen-Buddhismus beschritten.

Zen ohne Umwege

Zen in seiner ursprünglichen Form ist trotz aller gegenteiliger Versuche und Versprechungen immer noch das Herz-zu-Geist-

Verhältnis eines Meisters zu seinem Schüler. Nur in dieser engen und vertrauensvollen Beziehung kann Kontinuität zu körperlicher und geistiger Reife führen, und diese wiederum ist Voraussetzung für die vielen Stufen zen-buddhistischer Erkenntnisse, um schließlich Erleuchtung zu erlangen.

Zen bleibt somit eine von Menschen weiter getragene Erfahrung, und kein Buch und keine ferne Schule kann einen unabhängigen Parallelweg zu dieser, nicht reißenden Kette aufbauen.

Alles, was über Zen geschrieben wurde, ist im Gegensatz zum gesprochen Wort ein lebloser Stapel Bücher und wird beim Zusammentreffen mit einem Meister zu einem nützlichen Haufen Altpapier.

Diese Erkenntnis ist keine Resignation, und sie soll auch niemand abhalten, sich mit Zen-Schriften auseinanderzusetzen. Aber so, wie wir das Bildnis eines Buddhas betrachten, zwei Judoka beim Kampf zusehen oder ein geschenktes Ikebana in der Hand halten, ist jedes ›Von-außen-Betrachten‹ nichts weiter, als der erste Schritt zum lebendigen Zen. Aus dem Inhalt eines Zen-Buches und aus allem anderen, das auf Zen hindeutet, bauen wir uns einen Weg, aber wenn an irgendeiner Stelle nicht die Gestalt eines wirklichen Meisters steht, war auch das zen-meisterlichste Abbild umsonst.

Über Zusammentreffen und Sammeln

Zen (eigentlich Dhyana) heißt soviel wie Sammlung, und damit ist im asiatischen Sprachraum die geistige Sammlung und Meditation gemeint.

Für den westlichen Menschen, der über Bücher zum Zen finden will, sollte das Wort Sammlung besser mit Zusammentreffen (eines

Suchenden mit einer erfolgversprechenden Schule) übersetzt werden. Erst wenn er auf das lebendige Zen (in Gestalt eines Meisters) getroffen ist, kann er des Wortes wahre Bedeutung (Sammlung) übernehmen.

Diese grundsätzlichen Erwägungen zur theoretischen Weitergabe zen-buddhistischer Praktiken mindert den Wert von Zen-Büchern nur wenig, denn jedes Interesse, das durch die Lektüre zen-buddhistischer Schriften geweckt wird, jede Anregung, die man ihr entnimmt, und jede gut beschriebene Übung dient letztlich der Vorbereitung eines Schülers auf das Zusammentreffen mit einem Meister.

Regeln verlieren sich im Innersten

Regeln des Zen bedeuten, oberflächlich betrachtet, Einschränkung von persönlicher Freiheit.

Richtig gesehen bedeuten Regeln des Zen jedoch, einen bestimmten geistigen Raum zu akzeptieren.

Für den Übenden von Street-Zen bedeuten die Regeln, daß er innerhalb eines äußerlich unbeschränkten Rahmens zur Freiheit von Zeit und Gedanken finden muß.

Beim Zazen erlebt der Übende diese Freiheit in einer räumlichen Begrenzung. Hier stößt nicht nur der Bewegungsdrang auf Mauern, auch die sonst über den Horizont kriechenden Sinne werden in der Dimension des angenommenen Raumes gehalten.

Aber hier wie dort verwandeln sich die Dinge innerhalb des Rahmens und der Regeln.

Die herumschwimmenden Gedanken sammeln sich zu Wellen des Geistes, und der Übende läßt sich mit ihnen solange träge hin und her bewegen, bis sie frei schwingen und ohne Bedeutung für Ursprung und Hintersinn werden.

Das Gefühl der aufgegebenen Freiheit durch die angenommenen Regeln weicht dem neuen Verständnis einer innewohnenden Freiheit, die nicht zu vergleichen ist mit zeitlichen Freiräumen, an die wir sonst beim Begriff Freisein denken.

Überwindung des Leistungsdenkens

Die Beschäftigung mit Zen wird vor allem für den westlichen Menschen einen Rest Dualität behalten, wenn er den Weg seiner Übungen mit dem Weg eines Erfolges vergleicht.

So sollte als Motto über allen Übungen stehen, daß das Meßbare des Zen nicht zum Selbstzweck werden darf. Jeder Erfolg wird zum Nichterfolg, wenn er öffentliche Maßstäbe anlegt.

Zen im Bergbau

Jeder Zen-Übende möchte sich gern wie ein Bergarbeiter fühlen, der am Anfang jeder neuen Übung seinen Geist in den Teil der Mine schickt, in dem er zuletzt gearbeitet hat.

Aber nichts ist Irrwegiger als diese Art des Weitergrabens, denn der Berg des Zen ist kein Schacht mit Meßlatten, bei dem man genau sehen kann, wie weit man beim letzten Mal gekommen ist.

Wenn man sich Zen schon als Zauberberg vorstellt, in dem wir jedesmal von neuem hinunter fahren und graben, darf man nicht auf einen Schatz hoffen, der nach einem genauen Plan und in bestimmter Tiefe gefunden werden kann.

Der Berg Zen leuchtet nicht in der Ferne, und er erhebt sich auch nicht vor der Haustür, sondern er ist direkt in uns. Während wir in diesem Berg wühlen, zerlöchern wir nur uns selbst. Wenn wir zu Beginn jeder Übung das Rüstzeug zusammensuchen, um weiter nach dem Schatz zu suchen, treffen wir keinen einzigen alten Stollen mehr an. Der Berg liegt jedesmal neu und unberührt vor uns. Der einzige Unterschied zur letzten Übung oder Grabung wird lediglich darin liegen, daß einem der Berg mal größer oder kleiner vorkommt. Diese Wechselbeziehung zwischen Berg vor uns und Berg in uns, zwischen kleiner geworden oder ins Unüberwindbare gewachsen, sind dann keine, im Sinne von Dualität überprüfbaren Erkenntnisse. Es stellt im Gegenteil eine winzige Form der Aufhebung aller Werte dar, und läßt damit auch offen, was für den einzelnen beim Erreichen von Satori aus ›seinem Berg‹ wird.

Alles und Nichts

Autoren, die über Zen schreiben, sprechen gern in ihrer Einleitung davon, daß Zen Alles und gleichzeitig Nichts ist. Es soll einstimmen auf die schwierige Gratwanderung, etwas zu beschreiben, was besser erlebt werden sollte.

Das Erlebnis des Nichts liegt in der Überwindung von Allem, wobei wirklich alles zählt, was wir auf diesem Wege erleben oder hinter uns lassen.

Wenn wir nach der Erleuchtung, dem Erleben des Nichts, wieder zu allem zurückkehren, haben die Dinge das Absolute und Unverrückbare verloren, sie schwimmen plötzlich in und um uns, und stehen nicht mehr hinter einer Trennscheibe, die die Zeit, den Raum, das Ich und das Wir genau definieren.

So gesehen hat jeder Autor recht, wenn er von dieser Gleichzeitigkeit des Alles und Nichts spricht.

Der Anfang von Zen liegt allerdings in den Niederungen des alltäglichen Lebens, und es ist ein weiter Weg, bis das Paradoxe von Alles und Nichts eintrifft.

Der Satz vom Nichts gehört also nicht in die Einleitung, sondern sollte den Abschluß eines Buches bilden.

Mehr Ja als Nein

Die Überlieferung sagt, daß Zen nichts weiter ist, als Leben durch Erfahrung, und Erfahrung durch das Leben.

Zen ist somit die Lehre vom Leben, und definiert sich gleichzeitig als eine Schule des Lebens.

Weiter sagt die Überlieferung, daß Zen auch völlige Zustimmung und absolute Verneinung bedeutet. Dieses Aufheben und Fallenlassen wird mit Alles und Nichts gleichgesetzt. Dabei ist zum einen die Weltbejahung als Teil des Kosmos und zum anderen das am besten mit »Nichts« zu erklärende »Mu« gemeint.

Die Weltbejahung als vorgegebene Größe des Zen durchatmet und durchlebt jeder auf seine Weise, aber immer innerhalb seines Körpers.

Mit diesem Körper will und muß er die Brücke schlagen zum »Mu«, das er nur meditierend erfahren kann.

Zen ist so gesehen mehr Ja als Nein, denn dieses Nein ist Mu, und es ist der einzige Zustand, der ein vorangegangenes Ja zu einem Nein (Nichts) verwandeln läßt.

Zen üben, heißt das Richtige zur richtigen Zeit und in rechter Weise zu machen.

Für die richtige Zeit wird die Intuition sorgen, aber für die richtige Weise (Haltung) ist jeder selbst verantwortlich.

Alle Regeln des Zen zur rechten Haltung sind durch die Überlieferungen entstanden, und es hat sich gezeigt, daß für den Sitzenden andere Regeln gelten, als für den Stehenden oder Laufenden.

Aber sowohl im Stillsitzen als auch in der Bewegung gilt der Grundsatz, daß die rechte Haltung im eigenen, im vorhandenen Körper einzunehmen ist.

Zen-Haltung will nicht den Körper verändern, es will nur helfen, daß dieser Körper wieder zu sich selbst findet, um als Ganzes zur Erleuchtung zu kommen.

Disziplin

Sich kasteien, sich ständig einengend disziplinieren und mit Strenge leiten, gehört normalerweise zu den Extremen und wäre für den, der die Mitte sucht, von geringem Vorteil.

Wer diesen Unterschied kennt, würde sich wahrscheinlich keinem Lehrer anvertrauen, der auch den kleinsten Schritt des Schülers überwacht, und ihn im Sinne der auseinander klaffenden Anschauungen von Ideal und Wirklichkeit ständig bestraft. Genauso verhält es sich mit der Selbstbelehrung.

Wie ein guter Lehrer den Schüler seine Kreise ziehen läßt, und ihn dabei ständig nur im Auge hat, um ihn bei einem groben

Fehler zu korrigieren, so sollte auch ein Übender mit sich selbst umgehen.

Sich ständig beobachten, ohne dabei zu messen, immer wach sein, ohne zu übermüden, und auch den größten Erfolg nicht stärker beklatschen, als die kleinsten Zufälligkeiten.

Aus den Augen, aus dem Sinn. Damit bekommt das Beobachten seiner Selbst einen neuen Klang. Es ist das innere Auge, das beobachtet, und es ist die innere Haltung, die in Gefahr ist, zu verschwinden, wenn wir ihr nicht größte Aufmerksamkeit schenken.

Eines sollte uns klar und bewußt werden. Wie bei allen Dingen des Zen ist es nicht das persönliche Wohlgefallen, das sich selbst beobachtet, sondern das Auge Buddhas, welches in jedem von uns steckt.

Erwartungen

Zen stellt sowohl in seinen Übungen als auch in seiner Lehre eine große Erwartungshaltung dar.

Während der Philosoph und Metaphysiker mit Hilfe von Erkenntnislehre und angenommener Geisteswelt seine Position im Kosmos sucht, einnimmt und ausbaut, wird der Buddhist sich der vorhandenen Welt anpassen und nichts weiter tun, als sich vom Ballast des ständigen Selbsterkennenwollens zu befreien. Dieses Befreien schließt allerdings die positive Erwartung ein, daß damit auch die große Frage des Lebenssinns irgendwann beantwortet wird.

Die Hinwendung zum Buddhismus bedeutet für jeden Suchenden, sich einer Welt außerhalb seines Ich-Zentrum zuzuwenden, und erst wenn er Erleuchtung erfahren hat, wird er in geläuterter Form zu sich selbst zurückfinden.

Im Gegensatz zu anderen Praktiken hat der Zen-Buddhismus aber keine sich ständig vergleichende Entwicklung und Beurteilung von Erkenntnissen. Alles vollzieht sich im Innern jedes einzelnen auf ganz eigene Weise. Nur das Ziel ist für alle dasselbe.

Bewegung und Sinnlichkeit

Durch Bewegung geben wir unserem Körper eine befriedigende Handlung, die durch ihre Aufgabe und unentwegte Wiederholung zum Mittelpunkt unserer Sinnlichkeit wird.
Die Vereinigung der Sinne auf eine einzige Körperarbeit ist aber gleichzeitig das Ende ihrer Dominanz.

Vor der Selbstfindung

Sich Zeit lassen, im Denken und Fühlen frei zu sein. Ungeachtet aller Sorgen unbeschwert laufen.
Mit jedem Schritt die Welt verlassen.
Die Unendlichkeit des Denkens vergessen.
In grenzenloser Freiheit nach keinem Platz suchen.

Nach der Selbstfindung

Der Kosmos des Augenblicks verwandelt sich in eine Verbindung zur Unendlichkeit, und vom Staubkorn des Universums werden wir zum begreifbaren Teil des Ganzen. Wir übertragen den Wimpernschlag unseres Hierseins auf das nie endende Atmen des Alls.

Egoismus

Wenn wir im Alltag einem Ziel entgegenstreben und daran die Zeit und den Aufwand messen, wird uns die Winzigkeit unseres Daseins immer wieder bewußt, und wir versuchen diesem Nichts unsere innere Größe, unser Ich und Ego entgegenzusetzen. Es hebt uns (manchmal) für Momente auf einen trügerischen Sockel von Erdmitte und Zufriedenheit. Und weil es so leicht ist, Egoismus und Ich-Bewußtsein zu pflegen, vergeuden wir unsere Zeit mit immer neuen Versuchen, diese Gefühle zu bestätigen. Die Ernüchterung ist ein schleichender Prozeß und sehr oft wird die Unterdrückung der Wahrheit zum einzigen Lebenszweck.

Der Kampf unseres ›lichten‹ Daseins gegen die ›finstere‹ Unendlichkeit ist nicht nur ein unnötiger Kampf, er ist vor allem sinnlos.

Von Ost nach West

Wir alle wissen von bekannten und weniger bekannten Meistern, die sich nach allen Regeln des Zen-Buddhismus ihren Übungen hingeben können, und dafür nicht viel brauchen. Einen stillen Winkel, einen kleinen Raum, oder einen ruhige Platz unter einem Baum.

Gelangen diese Meister in die westliche Hemisphäre, kann es geschehen, daß sie schnell aus ihren gewohnten Dimensionen herausgerissen werden.

Ihre Schüler sehen darin zunächst keinen Bruch, und folgen ihnen in allem. Dabei werden die stillen Winkel bald zu großen Lofts, die kleinen Räume zu Turnhallen und der Baum steht plötzlich in einem eingezäunten Meditationszentrum.

Erst am Ende des Weges werden die Schüler nach den Anfängen der Meister suchen, und es wird einige geben, denen wir auf irgendeiner Straße begegnen.

Aufforderung zum Zen

Street-Zen beginnt genau wie jede andere Zen-Übung mit der Einstimmung und der inneren Bereitschaft, sein bisheriges Leben zu verändern. Dabei ist es unwichtig, über die Gründe nachzudenken, und es ist von zweitrangiger Bedeutung, wie oft und wieviel Zeit jeder einzelne schon in verschiedene andere Aktivitäten investiert hat.

Wir sind uns der Dualität der Welt bewußt und wollen dem Druck der äußeren Begrenzung ein hohes Maß an innerer Freiheit entgegensetzen. Wer bei dieser Suche schließlich auf Zen gestoßen ist, wird einen Weg beschreiten, der Schritt für Schritt zu einem Punkt führen kann, der zu wirklicher Erleuchtung verhilft.

Erst mit dieser Erleuchtung wird die Dualität unseres Lebens aufgehoben und läßt alle sonstigen positivistischen Begriffe in die Bedeutungslosigkeit absinken. Die bekannten Formulierungen von körperlicher Leistungssteigerung, gedanklicher Konzentration, seelischer Vollkommenheit oder großartiger Ich-Findung haben an diesem Punkt ihren Nährboden verloren.

Street-Zen beginnt also wie jede andere Methode erst im Kopf, ehe mit der kleinsten Übung begonnen werden kann, und der Wille, sein Leben zu verändern, ist dabei die wichtigste Triebfeder.

Die Geschwister

Es gibt Schüler, die ich gern Schwester Leichtfuß und Bruder Schlaukopf nenne. Sie sind bei den Übungen besonders eifrig, und am Ende eines Seminars haben sie sich ihren Namen redlich verdient.

Aber denkt daran! Wer jetzt seine Nachbarn mustert, sollte mir später erzählen, welchen Namen er für sich selbst gefunden hat.

Der Hintersinn einer Übung

Der Prozeß der Verwandlung hängt unmittelbar mit der Kunst der höchsten Vollendung zusammen, doch nicht das Ergebnis eines Könnens, sondern die Frucht einer gewonnenen Reife des innerlich Geübten und zu sich selbst Gekommenen hat ihn dann verwandelt.

Aus diesem Grund ist der Sinn einer zen-buddhistischen Übung letztlich nicht die vollendete Leistung, sondern das, was dem Schüler widerfährt, der diese Leistung vollbringt.

Die sprudelnde Quelle

Auch für die Kunst des Gehens gilt, daß die Schwierigkeit nicht im einfachen Vollbringen der Übung liegt, sondern darin, ein Übender zu werden, der etwas aus sich selbst vollbringt.

Das Ziel ist nicht die Beherrschung des Körpers als eine Kette vorgenommener Bewegungen, sondern eine Reife der Kunst, die wie eine sprudelnde Quelle aus dem Innern des Leibes kommt.

Anfänger-Geist

Solange wir uns in den Anfängen der Meditation bewegen, wirken wir noch aus einem natürlichen Bedürfnis heraus, und genau so lassen wir es in unsere Erlebnis-Natur hinein wirken.

Diese Haltung, von manchen Zen-Buddhisten als Anfänger-Geist bezeichnet, ist auch später das wichtigste Kapital eines Schülers. Zen darf für den Übenden niemals zur oberflächlichen Routine werden, sondern soll jedesmal die Neuschöpfung des ersten Augenblicks sein.

Konzentration der Sinne

Wenn aus der Fülle der Wahrnehmungen die einzelnen Qualitäten entstanden sind, konzentrieren wir uns nur noch auf das Wesentlichste.

Das ist bei der Sitzmeditation »nur sitzen« und »nur schauen«, und beim Meditationsweg Street-Zen »nur gehen« und »nur schauen«. Das »nur gehen« ist dabei genau wie das »nur sitzen« immer als ein idealer Zustand der Körperhaltung zu begreifen, die sowohl in der Ruhe, als auch in der Bewegung nichts von ihrem Ursprung der ›rechten Haltung‹ verliert.

Vier Sätze zum Üben

Street-Zen vereinigt in seinen Übungen verschiedene Sinnesebenen und Empfindungseinrichtungen, die sich scheinbar nur schwer miteinander verbinden lassen.

So heben sich im Verlauf der Übung die Konzentration geistiger und körperlicher Aktivitäten einander auf.

So wird aus der Bewegung die Stille, und aus der Fülle die Leere. So hält das Nichtsein das Sein aufrecht, und aus dem erloschenen Selbst lodert das Selbstsein.

Zen im Spiegel

Zen kann unser Inneres wie vor einer gläsernen Wand widerspiegeln. Aber erst wenn wir befreit von einem Spiegelbild durch das Glas sehen können, hat sich das Innere mit dem Äußeren vereinigt.

Zen aus zweiter Hand

Wer nur über die Beschreibung eines Bildes oder Plakates zu einem unumstößlichen Urteil über Sinn und Zweck, über Schönheit und Sachlichkeit, über Wahrheit und Lüge kommen will, kann sich auch beim Zazen an eine Buddhastatue lehnen und Street-Zen so üben, als wäre es ein Spaziergang mit einem T-Shirt auf dem der Name Zen steht.

Das Ich der Sinne

Daß Ich-Erfahrung durch die Arbeit der Sinne umgekehrt werden kann, ließe sich Sinn für Sinn beweisen.
Daß die Sinneseindrücke tatsächlich ihre Ich-Bezogenheit beweisen müssen, wäre eine unnütze Arbeit.

Das donnernde Schweigen

Die individuelle Erfahrung der absoluten Transzendenz ist das eigentliche Ziel des Zen-Buddhismus, und ein Schüler sollte in letzter Konsequenz nur auf dem direkten Weg, in der persönlichen Begegnung zwischen Meister und Schüler danach suchen.

In der unsichtbaren, wortlosen Übermittlung tiefster religiöser Erfahrungen reduziert das Zen seine Kommunikation auf das ›donnernde Schweigen‹, wie in einer oft zitierten Formulierung das Herz-Geist-Wirken gern genannt wird.

Das Absichtslose

Die Verbindung des richtigen Gehens mit natürlicher Atmung läßt Geist und Körper bei klarer Wachheit zu entspannter und absichtsloser (nicht künstlicher) Ruhe kommen. In dieser Stimmung sammeln sich die Sinne allein in der Fortbewegung und setzen die objektive Vorwärtsbewegung der Füße in das Laufen gegen den Raum um.

Das Wesentliche

Auch die Kunst des Gehens sucht in ihrer Vollendung das unmittelbare Vordringen zur letzten Einsicht zu erleichtern und das innere Augen zu öffnen für das Wesentliche der Dinge.

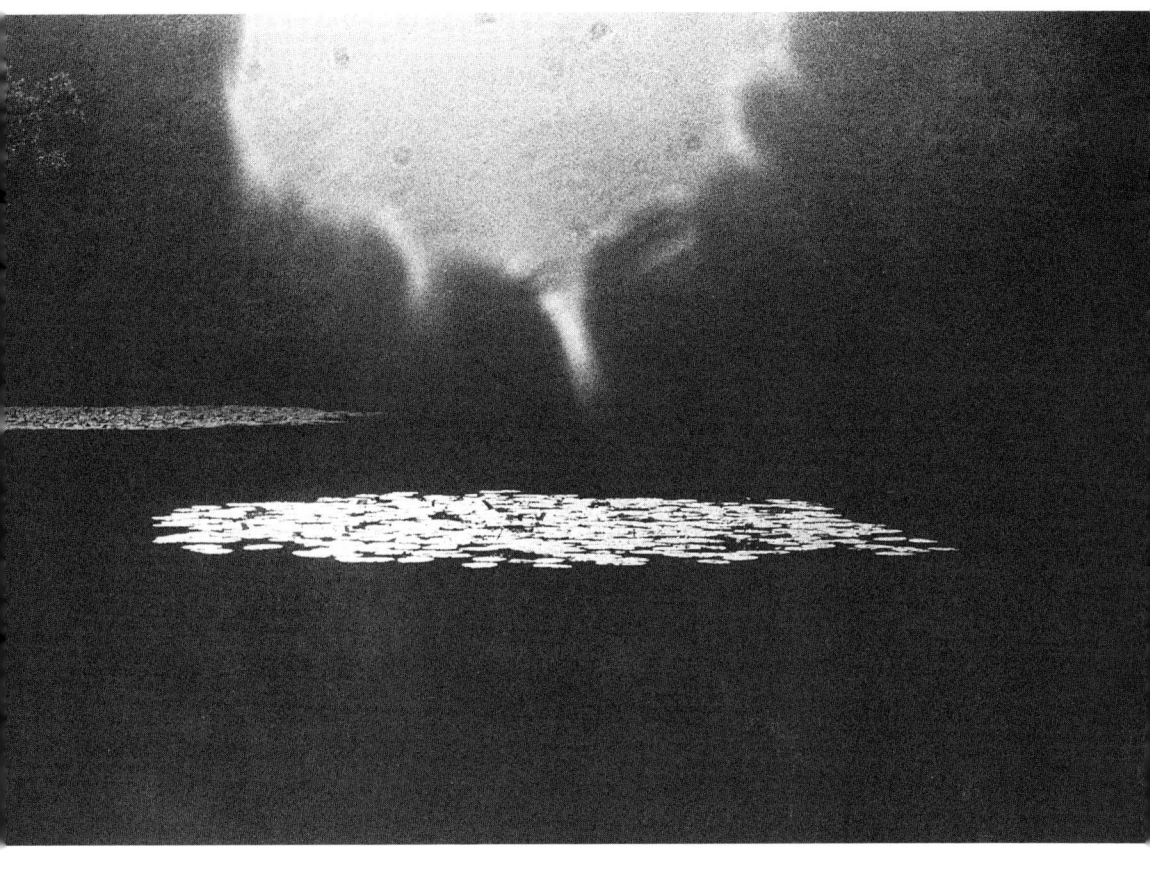

Das Ideal

Das Ziel des Zen, oder einer zen-buddhistischen Übung, ist für den Zielbewußten immer mit einer Idealvorstellung verbunden. Doch jegliches Ergreifen von Vorstellungen erweist sich als hinderlich für die Übung.

Die Tatsache, daß man die Früchte der Übung nicht erwarten, nicht erhoffen, und erst recht nicht herbeibefehlen kann, sollte alle Wunschvorstellungen, die man sich von Zen gemacht hat, verdrängen.

Die Anpassung

Zen in der westlichen Welt stand von Anfang an ungewohnten Einflüssen gegenüber, die dazu führten, daß sich einige Übungen langsam den vorherrschenden Lebensformen anpaßten.

Dennoch wird Zen durch diese Veränderungen nicht verwässert oder nur zur oberflächlichen Nachahmung im ritualen Bereich.

Zen behält auch für die Bewohner der westlichen Welt alle Merkmale der Selbstfindung und legt sich wie etwas sehr Vertrautes an die innere Grundstruktur der Menschen.

Die organische Entwicklung des Zen im Westen, die Anpassung an Lebensumstände und soziale Gepflogenheiten haben dadurch in ganz natürlicher Weise auch die Entwicklung der äußeren Formen beeinflußt.

Nichts ist Nebensache

Nichts ist Nebensache beim Zen. Für den Zengeist ist grundsätzlich alles gut, wenn es uns zum ›natürlichen Zustand‹ hinführt, zum ›Verständnis des wahren Selbst‹.

Ein Meister aus dem 13. Jahrhundert sagte: »Man muß Zen üben, um Zen zu üben«.

Er hat noch immer recht. Deshalb laufe ich im Zen, um Zen zu erlaufen.

Unnütze Arbeit

Die Last eines ständig nachdenkenden Geistes liegt in seinem Bemühen, für alles eine sinnvolle Erklärung zu finden. Wenn diese Erklärung nicht zustandekommt, bricht er unter dem Gewicht seiner Gedanken fast zusammen und versucht immer wieder, den Gegenstand des Grübelns zu packen. Solch ein Gegenstand ist Zen, und er läßt sich auch bei größter Anstrengung nicht mit unserem nachdenklichen Geist erschließen.

Wer nun glaubt, daß lediglich sein herkömmliches Denken schuld daran ist, und er müsse nur umdenken, um Zen zu erfassen, landet wieder in einer Sackgasse, denn auch umdenken heißt schließlich denken.

Das sieht der Suchende schnell ein, und indem er sich fest vornimmt, an nichts zu denken, startet er gleich den nächsten Versuch. Auch dieses Bemühen ist alles andere als Zen, denn wer sich so an das Nichtdenken klammert, dessen Gedanken kreisen ständig darum, und denken an nichts anderes.

Ein richtig forschender Geist wird bestimmt noch andere Mög-

lichkeiten des Nach-, Um- oder Wegdenkens ersinnen, doch das Ergebnis steht längst fest. Zen ist einfach nicht durch bewußte Bemühungen zu begreifen.

Wenn es dennoch so viele Beschreibungen von Zen gibt, hat das vor allem mit der Geschichte des Zen zu tun. Aus den Erfahrungen anderer können wir etwas über den Weg dorthin erfahren, aber das eigentliche Zen bleibt allem Begrifflichen verschlossen.

Mit dieser Erkenntnis und der damit verbundenen Negation aller vorangegangenen Bemühungen bekommt auch der ewig Nachdenkliche eine Chance. Noch ehe er das Wunder begreifen kann, ohne Nachdenken einfach etwas zu akzeptieren, befindet er sich plötzlich auf dem besten Weg zum Zen.

Zen ist Zen

Eine Fotografie vom Feuer brennt nicht, und in ein abgebildetes Wasser kann man nicht springen. Ein Zettel in der Hand (Anleitungen zum Seminar) ersetzt keine Übung und ohne Übung finden wir normalerweise nicht zur Selbstfindung.

Ihr wißt schon, was ich sagen will. Also laßt uns das Bild verbrennen, die Abbildung ins Wasser werfen und den Zettel weglegen, bevor wir tun, was zu tun ist.

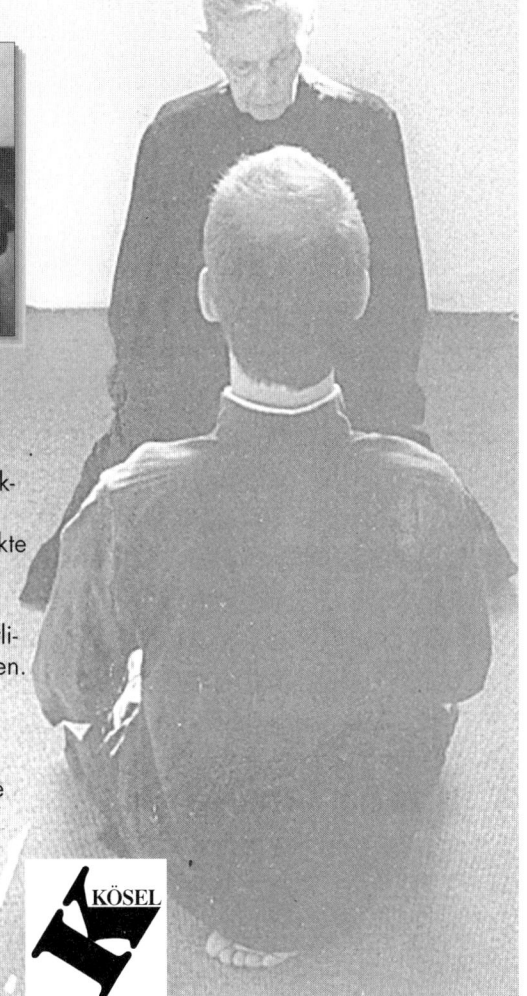

120 Seiten, zahlr. Fotos.
Gebunden.
ISBN 3-466-20285-X

Ein praktisches Werk-
buch, das uns alle
wesentlichen Aspekte
der Zen-Meditation ver-
mittelt und einen Weg
zeigt, östliche und westliche Mystik zu integrieren.
Das Standardwerk für
Anfänger und Fortge-
schrittene, die sich auf
tiefergehende mystische
Erfahrungen einlassen
wollen.

KÖSEL